JN089457

田舎ビジネス『イナビジ』のススメ

~〝ドラゴンボール世代〟の新しい働き方~

著者 林 直樹

カナリアコミュニケーションズ

これからの成功のヒントは「田舎(イナ)ビジネス(ビジ)」にあり！

コロナ禍以降に働き方が大きく変化

〝日本列島の大部分は都会ではなく「田舎」です。これからの時代において、トレンドを創出し、発信していくのも「田舎」だと私は考えています〟——これは2014年に私が上梓した『日本一になった田舎の保険営業マン』（カナリアコミュニケーションズ刊）の冒頭の一節です。

それは、田舎で生まれ育ち、田舎で保険営業日本一になり、田舎ならではのポテンシャルを肌身で感じていた私の持論であり、次代を見据えた一種の〝予言〟でもありました。

あれから9年あまり。コロナ禍を経てテレワークやワーケーションといったワークスタイルが一気に普及し、働き方が大きく変化しました。

それによって、かつてはリタイア世代に多かった地方移住ニーズが働き盛り世代や子育て世代に広がり、地方に軸足を移した働き方を求める人が急増しています。

全国の地方自治体や関連団体などでも、Uターン就職者への助成金や、住宅費用の一部負担など、地方移住を積極的に推進している所が軒並み増えています。

こうした動きの中で、「ビジネスで成功するヒントは田舎にあり」という私の持論が、9年前よりもさらに現実味を増しているのをひしひしと実感しています。

そう、これからは、「田舎ビジネス＝イナビジ」の時代なのです。

テレワーク化で急増——「場所」に縛られない働き方

ニューノーマル時代のワークスタイルに適応する企業のオフィス分散も、ここ数年でかつてないほどダイナミックに展開しています。

例えば、富士通株式会社は社員の新しい働き方への取り組みとして、2020年7月より本社や支社などのオフィススペースを半減させ、全国にある社内サテライトやシェアードオフィスをはじめ、自宅やワーケーションハブでのテレワークなど、「場所」に縛られない働き方を推奨しています。

NTTグループも、2022年6月より「原則テレワーク」で、国内ならどこに住んでもOKという制度を導入することを発表しました。

また、人材派遣大手のパソナグループも、２０２０年9月に大手町のど真ん中にあった東京本社を兵庫県淡路島に移転させる計画を発表しました。２０２３年現在、淡路に転勤したり、現地で採用したりした社員数が目標の１２００人をほぼ達成。

淡路島に移住した社員は、当初の予定通り人事や広報、経営企画など管理部門の所属しているようです。パソナグループでは社員の移住環境の整備や、島全体を活性化させる飲食や物販、観光などの地方創生事業が着々と進行しているといいます。

これ以外にも、福山雅治さんやサザンオールスターズなどが所属する大手芸能事務所のアミューズが東京から山梨県に本社を移転し、２０２２年10月に山梨県富士河口湖町に新本社「アミューズヴィレッジ」をオープンしました。

富士山麓の自然豊かなエリアに遊び心あふれる本社施設をととのえるこ

とで、社員や所属アーティストの創作力と活力アップにつなげようとしているようです。

外資系企業にも地方移転の動きが見られ、仏タイヤ大手の日本法人・日本ミシュランタイヤは２０２３年８月に群馬県太田市に本社を移転しました。

それまで本社があった東京都新宿区のオフィスを縮小し、研究開発部門があった群馬太田市に主要部門をすべて統合させています。

このように、働き手やオフィスが地方に分散していく傾向は、多様な業種において今後ますます加速していくと予測されます。

大都市に一極集中する時代は終わり

国の政策としても東京一極集中の是正を目標のひとつに掲げており、ライフスタイルもワークスタイルも、大都市偏重の時代ではなくなってきています。

東京都の人口も、２００１年には約１２００万人、２０１０年には約１３００万人、２０１９年に約１４００万人と右肩上がりに増え続けていましたが、２０２２年には１３００万人台に落ち、26年ぶりに減少しました。

特に人口の多い東京23区では、転出者数が転入者数を上回る「転出超過」の傾向が見られました。２０２３年には転出者数がコロナ禍がピークの時期よりも減少傾向にありますが、30代はコロナ禍前の水準には戻っていません。（総務省統計局調べ）。

東京都から日本各地に転出した人の増加率をみると、コロナ禍前の２０

19年と比較して全国で最も高かったのが、私の住む鳥取県（25・1％）でした。

鳥取県は過疎化が進んでいるといわれる地方のひとつですが、近年はUターンやIターン、Jターンで鳥取に移住し、転職、起業する人が徐々に増えてきています。実際、私自身も移住してきた方から仕事の相談などを受けることが少なくありません。

私は2010年に鳥取県倉吉市でファイナンシャルアドバイザーとして起業し、現在は資産運用の相談、個人法人コンサルティング業務や健康・美容関連の販売事業なども手掛けています。

また、年間40本以上の講演会やセミナーに登壇しており、女性のための起業塾も主宰しています。さらに、倉吉市内で「セブンデイズカフェ」という飲食店も経営しています。

本書では、地方と都市を行き来しつつ、鳥取という地方をベースに多角的にビジネスを展開してきた私自身の経験を踏まえ、地方で働くメリットとデメリットを考察していきます。

また、鳥取で活躍しているビジネスパーソンのさまざまなロールモデルもご紹介します。

例えば――

「知り合いゼロの地でＩターン起業した女性」
「地元にＵターンして美容室を開業した女性」
「Ｕターン起業して世界展開する有名ブランドに成長させた経営者」
「脱サラして里山に行列ができる人気店を作った経営者」
「八百屋からワイン、高級パンまで食を通して地域社会に貢献」
「東京で起業し、鳥取で地域情報を担うＩＴ企業を展開する経営者」
「古民家をリノベした鳥取発のセレクトショップをつくった立役者」
「鳥取発、全国から引く手あまたの一級建築事務所」

――などなど、バラエティに富んだ事例が満載なので、地方で何かビジネスをやってみたいとお考えの方に役立つヒントがきっとたくさん見つかるはずです。

本書は「ドラゴンボール世代の新しい働き方！」というサブタイトル通り、私のように漫画『ドラゴンボール』を読んで育った働き盛りの40代前後の方にぜひ読んでいただきたいと願っています。

もちろん、その下の世代の『ONE PIECE』を読んで育った20～30代のワンピース世代の方にも大いに役立つ内容であると自負しています。

本書が、地方への移住やワーケーション、転職、起業などを検討されているみなさんの背中を押す一助になればうれしい限りです。

林 直樹

CONTENTS

第1章

田舎で働くのがカッコ悪い時代は終わった

「都会・地方・田舎」の違いとは？

本書のテーマをひとことで言うと、「都会」ではなく「地方」や「田舎」で働く生き方の提言です。

といっても、都会、地方、田舎という言葉は、人によってとらえ方がいろいろ異なると思います。

土地基本法や国土利用計画法などの法律では、都市地域、農業地域などの分類が規定されていますが、都会、地方、田舎という言葉には、明確な定義がありません。

そこで、本書では最初にその違いを整理しておきたいと思います。

●都会＝三大都市圏＋札仙広福

まず、一般的に「都会」とは、人口が多く密集しており、政治や経済、文化の中心となる大きな街です。オフィス街や繁華街などと住宅街が分かれており、交通網も発達している地域です。

中でも東京を中心とする「東京大都市圏」、大阪を中心とする「大阪大都市圏」、名古屋を中心とする「名古屋大都市圏」は、三大都市圏といわれ、日本の総人口の約半数が集中しています。

さらに、三大都市圏に次ぐ規模の都市である札幌、仙台、広島、福岡――いわゆる「札仙広福（さっせんひろふく）」も、地方を代表する大都市であり、一種の「都会」といえます。

私がこの本で語る「都会」とは、「三大都市圏＋札仙広福」を包括した広義の都市の総称です。

●地方＝郊外から過疎村まで包括的な田舎

「地方」とは、「都会＝三大都市圏と札仙広福」を除く北海道、東北、関東、中部、関西、中国、四国、九州の市区町村です。

都会に対して、こうした地方＝「田舎」と包括的に捉える考え方があります。

本書でも、都会以外の地方を広く「田舎」と称しています。

ただし、地方の中でも県庁所在地などその地の経済・文化の中心である都市部と、都市部に隣接する郊外の住宅地、さらにそこから離れた漁村や山間部では、けしきが全く異なります。

21世紀になって全国的に市町村合併が進み、都市部も郊外も漁村・山間部も同じ市に含まれているケースが多いのですが、同じ市でも都市部から離れた漁村・山間部は人口密度が低く、商店の数や交通ルートも限られています。

こうした地域は、田舎の中でも群を抜く「ド田舎」です。

私が育った鳥取と岡山の県境に位置する「蒜山中和村（ちゅうかそん）」も、岡山県で最も人口の少ないド田舎でした。２００５年の市町村合併で村の名は消滅し、真庭市の一部に含まれていますが、かつては典型的な地方の過疎村でした。

一方、同じ地方であっても、都市部は都会とさほど変わらない利便性の高い街もあります。

つまり、地方や田舎とひと言でいっても、都市部の街から過疎のド田舎までの多様なグラデーションを包括しているのです。

本書で私が使う地方、田舎という言葉についても、そうした多様性を加味していただけると幸いです。

そうした多様性の中にこそ、地方ビジネスの思わぬヒントがたくさん隠れていると私は考えています。

きらきらした「都会神話」の消滅

都会は最先端の流行やトレンドのアイコンとして、地方から憧れられる存在。

少なくとも、高度情報化社会が進む1990年代頃までは、そんなきらきらした都会神話が生きていました。

しかし、都会がかつて放っていたきらきらした特権的な輝きは、今や驚くほど色褪せつつあります。

なぜなら、インターネット社会が進み、5Gのような高速大容量の通信インフラが整い、オンラインショッピングをはじめ、映像や音楽などの多様なコンテンツを自由に享受できる今の時代は、都会という〝特定の場所〟

にこだわる必然性が薄れているからです。

インターネットが普及する以前は、テレビや雑誌などマスメディアに取り上げられる渋谷や原宿など都会のストリートの景色や情報は、地方に住む若者にとって羨望の的でした。

私も若い頃は、休みになると田舎から都会によく遊びに行きました。当時は岡山に住んでいたので、十代の頃は大阪・梅田あたりが自分にとっての都会でした。

就職してからは、大阪を飛び越して東京に遊びに行くようになり、その頃流行っていた裏原宿の尖った古着ショップやお洒落なセレクトショップを巡ったものです。

都会で洋服を買うために給料の多くをつぎ込んでいましたが、自分にとって都会のファッションにはそれだけの価値があったので、惜しくはありませんでした。

しかし、今の時代は最新ファッションはもちろん、一点ものの古着でも、マニアックなアイテムでも、ECサイトやメルカリなどのフリマアプリなどを駆使すれば簡単に入手できてしまいます。

わざわざ高い交通費や長い移動時間をかけて都会に出向き、炎天下に汗ダクダクになりながら重い荷物を抱えて歩き回らなくても、都会で買うのと何ら変わらないモノが、涼しい部屋で指をポチッとするだけで、早ければ翌日には地方の自宅に送料無料で届く時代です。

もちろん、ネットショッピングでは都会の空気感までは味わえません。でも、お金と時間と労力のコストパフォーマンスを考えれば、都会に足を運ぶより、ネットで買うほうが圧倒的にお得です。

モノだけではなく、最新の情報もウエブ上で検索して簡単に得られます。会いたい人ともオンラインでダイレクトにコミュニケーションできます。

アーティストのライブイベントなども、コロナ禍以降はオンライン上でリアルタイムでもアーカイブでも楽しめるスタイルがスタンダード化しています。

都市空間には、モノや情報や人がぎゅっと集まったメディアのような働きがありますが、現代ではそうした働きの多くはウエブ空間でこと足りてしまうのです。

人は簡単に得られないと、「どうしてもあれが欲しい！」「どうしてもあれが見たい！」「そのためには、どうしてもあそこに行きたい！」と激しく渇望して憧れが募ります。

都会はまさにそんな憧れの象徴でした。

しかし、スマホやタブレットから、自分の好きなモノや興味のあることに簡単にアクセスできる今の時代は、かつてほど都会に憧れる理由がなくなっているのです。

均質化で縮まる都会と地方の「ファッション格差」

ウエブだけでなく、リアルな店舗においても、ここ20年ほどの間に全国展開の大型ショッピングセンターやチェーン店などが増えたことにより、さまざまなものが均質化しています。

店舗のデザインも、商品のクオリティも、サービスシステムもマニュアル化することによって、全国どこに行っても似たり寄ったりになり、都会と地方の格差がどんどん縮まってきています。

例えば、地方にあるイオンモールの中には、都会にあるのと同じ系列のショップやチェーン展開の飲食店がずらりと軒を連ねています。

逆に、東京の商業施設に行ったら、田舎のモールに入っているテナントと同じような顔ぶれの店ばかり……ということも少なくありません。

都会と地方の景観は異なりますが、地方と都会の商業施設の中のスナップ写真を並べても、ぱっと見ただけではそこが果たして都会なのか田舎なのか、区別がつかないのではないかと思います。

都会と地方では情報が伝わるスピードにも大きな時差がありません。都会で人気が出ると、その系列店や類似した店が地方にも即座に広まっていきます。

仮に都会にしか出店していない店であっても、今はＥＣサイトを展開している店が多いので、それこそオンラインで地方にいても都会と同じ品を購入できます。

さらに、都会と地方のファッションも、ユニクロやＧＵなど、リーズナブルなファストファッションの普及や、ＥＣサイトの充実によって、どんどん均質化しています。

もちろん、流行発信地である東京のような大都会には、尖ったブランドのフラッグシップショップや流行を牽引するクリエイターやファッショニスタやインフルエンサーが集中していると思います。

しかし、大多数の一般大衆において、都会と地方の大きなファッション格差はほぼないに等しいといえます。

田舎＝ダサいとディスる時代は終了

昭和の時代を舞台にしたドラマや映画、漫画などを見ると、田舎から上京してきた方言丸出しの若者が、極端に垢抜けない身なりで都会を歩き、周囲に田舎者扱いされて失笑される……といったシーンがよく登場します。

けれど、都会と地方のファッション格差のない今の時代にそうした描き方をすると、むしろ時代錯誤に見えてしまいます。少なくとも、そこまでわかりやすく田舎者っぽい格好をした若者は、都会はもちろん地方にもまずいませんから。

「埼玉県人にはそこらへんの草でも食わせておけ！」

これは東京都民が地方民をディスるというネタ自体をギャグ化した魔夜峰央原作漫画の実写版『翔んで埼玉』（2019年公開）の有名なセリフです。

映画の大ヒットを受けて制作された続編『翔んで埼玉　～琵琶湖より愛をこめて～』（2023年公開）では、関西にもディスりのネタが飛び火してさらにヒートアップしています。

ここまで振り切ったフィクションの世界であれば、過激な地方ディスりもエンタメとして笑い飛ばせるのかもしれません。

しかし、現実の世界では、地方をダサいとディスる風潮はもはや過去のものといえます。

コロナ禍以降に増えた地方移住への関心

都会神話が崩壊し、東京一極集中の流れが徐々に変わりつつある中、コロナ禍でテレワークやワーケーションが急速に普及したことにより、特に働き盛りの地方移住ニーズが高まっています。

そうした動向に伴い、Uターン就職者への助成金や、住宅費用の一部負担など、地方移住を推進する地方自治体も各地で増えています。

大正大学地域構想研究所が2020年11月にインターネットで行った東京在住の20～40代男女1262人を対象に行ったインターネット調査「地方移住や地方企業への関心についてのアンケート調査」では、東京在住の20代の5人に1人がコロナ禍前より地方移住への関心が高まったという結果が出ています。

地方移住への関心理由としては、約4割が「テレワークのような場所を問わない働き方が普及する中、働き方を変えたいと考えるようになった」と答えています。

また、約10人に1人がコロナ禍以降に地方企業への就職・転職への関心が高まったと答えています。

地方移住の3大パターン――Uターン、Iターン、Jターン

地方移住とひと言で言っても、「Uターン」「Iターン」「Jターン」の3パターンに大きく分けられます。

Uターンとは、生まれ育った地方から、進学や就職を機に都会に移住した後、再び就職や転職、結婚などを機に生まれ故郷に帰郷して定住することです。

Ｉターンとは、生まれ育った故郷から、故郷にはない要素を求めて移住することです。都会から自然環境の豊かな地方に移住するケースが典型的です。進学や転職、結婚を機に、他の地方に居住するケースもあります。

Ｊターンとは、生まれ育った故郷から、進学や就職を機に都会に移住した後、故郷に近い別の地方に移住することです。

さらに「２拠点居住」など、メインの生活拠点以外に、他の地域にも生活拠点を設けて行き来する多拠点居住型の移住スタイルもあります。この場合はＵターン、Ｉターン、Ｊターンそれぞれのケースがあります。

パーソナル総合研究所が２０２１年３月に行った「地方移住に関する実態調査」では、移住経験者の中で最も多かったのはＩターン（３８．６％）、次いでUターン（20.2％）でした。

慣れ親しんだ故郷のほうが知り合いも多く、住むという面でも、働くという面でも有利だと思われますが、故郷とは異なる場所に新天地を求めている人が倍近くいるというのは興味深い動向です。

人気の高い移住希望地域とは？

さまざまな調査結果からも、近年は特に地方移住を検討する20～30代の若者が増える傾向があるといわれています。

前出の「地方移住に関する実態調査」では、若い世代ほど「自然が豊かで身近に感じられる」「十分な広さや間取り、日照など快適な家に住める」「穏やかな暮らしを実現できる」といった、暮らしの快適さを求める傾向があるようです。

都会から自然豊かな農山漁村地域への移住者を支援している認定NPO法人ふるさと回帰センターの報告では、地方都市や農山漁村地域への移住に関する問い合わせや相談が年々増えているようです。

同センターが毎年公表している「移住希望地域ランキング」最新版（2023年発表）によると、2022年度に移住希望先として窓口相談が最も多かったのは、3年連続1位の静岡県で、すべての年代から高人気でした。2位は長野県で、特に軽井沢周辺や八ヶ岳山麓など、自然環境の豊かなエリアが人気のようです。

「統計ステーションながの」のデータでは、2017年は1908人だった転入者が2021年度には2960人に急増しており、過去5年で県外からの転入者が1000人以上も増えています。移住が大きく増えた理由は、自然環境が豊かでありながら首都圏へのアクセスもよく、自治体の移住支援制度が充実しているからではないかとみられます。

移住希望地域ランキングの3位は栃木県、4位は山梨県です。「ブランド総合研究所」が毎年発表している「都道府県魅力度ランキング」では、栃木県は全国47都道府県の中で40位前後と低迷していますが、実際の移住希望先としての人気とは齟齬があるようです。

ちなみに、プロローグでもお話しましたが、私の住む鳥取県も移住者が増えており、東京都から転出した人の増加率（コロナ禍前の2019年と比較）が全国一でした。

その理由は、鳥取県の各市町村で移住者を応援する支援制度が充実していることや、鳥取県への移住希望者の新規開拓・移住者の定着促進につながる活動に必要な経費を支援する補助金事業が整っていることが挙げられると思います。

また、鳥取県は全国に先駆けて「創業支援事業計画」を策定しており、各市町村に相談・支援窓口があるので、新しく起業したい人にとてもおすすめです。

県外から鳥取県にUターンやIターン移住して起業している人も多いので、第3章で詳しくご紹介します。

都会に憧れる時代から地方に憧れる時代に

地方移住への関心が高まっている今の時代は、かつてのように都会に憧れる時代ではなく、都会に住む人が地方に憧れる時代に変わりつつあります。

私も二十代の頃は、都会に進学や就職した友人たちが帰省してくると、田舎で働いている自分よりもどこか垢抜けて見えて、コンプレックスを感じたこともありました。


けれど、都会と地方の情報や消費文化の格差がない今の時代は、地方で暮らしていても都会に対して昔のようにコンプレックスを感じることがありません。

それどころか、地方には地方ならではの伝統や産物を生かした魅力があり、むしろ都会にはないよさがたくさんあるのだ——ということにあらためて気付かされました。

私自身も鳥取県をベースに、資産形成と保険の会社やカフェ経営など、さまざまなビジネスを展開しており、女性の起業支援のセミナーなども開催しているので、そうしたノウハウを踏まえ、次章では地方で働くメリットとデメリットについてお話ししたいと思います。

第2章

密な大都市からの脱却
――若い世代の地方移住が有利なワケ

移住希望者がシニア世代から働き世代・子育て世代に推移

全国の自治体と連携して地方移住を支援している「認定NPO法人ふるさと回帰支援センター」が2008年から実施している調査では、同センターへの移住相談や問い合わせがコロナ禍以前の2013年頃から2023年まで右肩上がりに増えており、2022年の移住相談件数は過去最高の5万2312件に上っています。

興味深いのはその内訳です。

2008年には、移住相談者の約7割が50代以上でした。

しかし、2022年には移住相談者の約7割が40代以下に若返っているのです。

つまり、かつては地方移住というとリタイア後に都会を離れて蕎麦打ちをするなど、地方で第二の人生を楽しもうというシニア世代が多かったけれど、近年は都会から地方に軸足を移して働こうという働き世代・子育て世代が増えているとみられます。

また、認定NPO法人ふるさと回帰支援センターが首都圏在住者（東京都・神奈川県・千葉県・埼玉県に在住の20～74歳男女）を対象に行った調査では、地方への移住希望者は推計309万人もいることが判明しました。調査はコロナ禍中の2021年ですが、地方への移住検討と新型コロナウイルス感染症の影響について、約7割は「新型コロナの影響とは関係なく移住を考えている」と回答しています。

こうしたことから同センターでは、地方移住への関心の高まりは決してコロナ禍による一過性のブームではないという見方をしています。

地方移住に関心を持つ若い世代が増えてきた背景

地方移住を希望する人の年齢層が、50代以上のシニア世代から、40代以下の働き世代・子育て世代に年々移行している背景にある社会の動きについて、もう少し詳しく考察してみたいと思います。

『場所から問う若者文化　ポストアーバン化時代の若者論』（晃洋書房）によると、まず田舎暮らしブームの兆しが見え始めたのは、エコ志向やアウトドア志向が高まってきた１９８０年代から１９９０年題前半です。Ｉターンという造語もこの頃につくられたといわれています。

バブル崩壊後の１９９０年代後半以降は、物質的な豊かさではない精神的な豊かさを求める方向に世の中の動向が大きくシフトチェンジしました。

その余波で自然回帰や農村への憧れが高まり、田舎でのんびりセカンドライフを夢見るシニア層が増えました。

しかし２０００年代になると、心身の健康と持続可能な社会や地球環境を大切にして心豊かに暮らすライフスタイル「ロハス／ＬＯＨＡＳ」ブームが起きます。

それまでは都会志向だった若い世代にも自然の中で癒しやスローライフを楽しむスタイルが徐々に浸透していきます。

また、この頃から「フジロック」のような地方の山海を舞台に繰り広げられる野外音楽フェスティバル＝野フェスが全国的に増えました。

こうした野フェスでは、都会の薄暗いクラブでは味わうことのできない大自然の中で開放感あふれるアウトドア体験を満喫できることから、若い世代が地方の魅力を再発見する一因になったといえます。

さらに、ＮＨＫの朝ドラ『ちゅらさん』（２００１年）を機に沖縄を舞台にしたドラマや映画が数多く制作されたこともあり、若い世代を中心に「沖縄移住ブーム」が起きます。沖縄は今も移住希望先として人気ですが、その根底には、都会であくせく暮らすより、美しい海を眺めて自分らしい生き方を楽しみたい――という癒しやスローライフへの憧れがあるようです。

2011年に東日本大震災が起こった際は、スローライフ的な憧れというより、自然災害や原発問題に対する防災意識の高まりから、子育て世代を中心に地方移住者が増えました。

さらに2020年からのパンデミック以降は、大企業の地方移転やテレワークが一気に増えたことにより、働き世代の地方移住への関心がさらに高まったとみられます。

1980年代以降の移住に関する流れをざっと追ってみましたが、地方移住や地方ビジネスを考える際には、過去から現在までの社会の動向を俯瞰してとらえておくことがとても大切です。

政府や地方自治体も若い世代の地方移住を後押し

２０００年代になってから、政府も働き世代の地方移住を後押しする取り組みを強化し始めました。

２００９年には総務省が地方に新たな人の流れを創出することを目的とした「地域おこし協力隊」をスタートさせました。

協力隊に参加する条件や活動内容は各自治体によって異なりますが、基本的に全国の都市から過疎地域などに住民票を移し、地域ブランドや地場産品の開発・販売・ＰＲなどの支援や、地域の農林水産業への従事などの活動を1年～3年間行いながら、その地域への定住・定着を図っていくというのが地域おこし協力隊の主眼です。

隊員は任期中に研修などのサポートを受けることができますし、任期終了後も起業したり事業継承をする場合は、条件が合えば支援も受けることも可能です。

総務省は地域おこし隊員数を2026年までに1万人に増やすことを目標に掲げており、全国の各地方自治体と連携してさまざまな活動を推進しているので要チェックです。

「興味はあるけど、いきなり過疎地域に住むのはちょっと……」という人には、住民票を移さずに体験できる制度もあります。

2泊3日で体験できる「おためし地域おこし協力隊」や、2週間〜3か月の期間限定で現地に暮らしながら活動を行う「地域おこしインターン」といった体験制度は、若い人も参加しやすいのではないでしょうか。

2014年には内閣府も地方とのつながりを築いて地方への新しいひと

の流れをつくることなどを目標に掲げた政策「まち・ひと・しごと創生長期ビジョン」「まち・ひと・しごと創生総合戦略」を策定しました。

また、地方創生の一環として、東京圏からUターン、Iターン、Jターン移住して起業したり就業したりする人に対して、起業支援金や移住支援金を支給する地方公共団体の取り組みも支援しています。


地方移住をお考えの方は、こうした政府や自治体による移住を支援する制度を賢く利用するのもひとつの手だと思います。

ただし、支援金を得ることを主目的とした移住は決してうまくいきません。そのことをしっかりと肝に銘じておいてください。

地域おこし協力隊や地方創生の移住支援などは各地方自治体によって条件が細かく異なるので、自分が移住を考えている地域の情報はWEBサイトで常にアップデートしておきましょう。

また、移住関連のセミナーなども多数も行われているので、積極的に参加して有益な情報に対して常にアンテナを張っておくことが大切です。

地方移住メディアも若い世代をターゲットに

地方移住に関わるメディアも、ここ10年ほどの間に読者ターゲットをシニアから若い世代にシフトチェンジしているようです。

たとえば、スローライフを提唱する雑誌『ソトコト』（株式会社ソトコト・プラネット）は、２０１０年頃から国内の農山村を中心とした若者の地方移住を積極的にとりあげるようになりました。

また、２００３年に創刊されたローカルライフマガジン『自休自足』（株式会社第一プログレス）も、シニアがリタイア後に楽しむほっこりした田舎暮らしをテーマにしていましたが、２０１２年にターゲットを若者に変えて全面リニューアル。

誌名も『ＴＵＲＮＳ（ターンズ）』に変更して、地方移住に関心のある若い世代に向けた情報を盛り込んだ雑誌に大変身しました。

テレビでも、地方移住にスポットを当てた番組が増えています。ひと昔前は田舎から都会に出てきて一旗揚げるような物語が主流でしたが、最近は都会から地方に移住する若者を描いたドラマや、地方を舞台にしたドラマが多くつくられています。

地方移住をテーマにしたＮＨＫ総合の密着ドキュメント『いいいじゅー‼』も、最初は特別番組枠でしたが、２０２２年からお昼どきに毎週放送されるレギュラー番組になりました。

地方移住はもう特別枠で語られることではなくなり、若い世代の生き方・働き方の選択肢のひとつとして当たり前のように語られる時代になっているのです。

著名人も地方の魅力発信や都市からの脱却を訴求

働き世代に影響力のある知識人などの著名人も、地方の魅力を発信したり、都市で働くことにこだわらない生き方を説いています。

たとえば、元サッカー日本代表の中田英寿氏は、2009年から全国47都道府県をめぐる旅をスタートし、日本各地の伝統文化やものづくりを国内外に紹介する情報サイト「に・ほ・ん・も・の」や、ラジオ、書籍などのメディアを通して地方の魅力を精力的に発信しています。彼の活動は、若い世代が地方に埋もれている優れた伝統産業に目を向けるきっかけになっています。

各種の肩書を持つ研究者でメディアアーティストの落合陽一氏も、コロナ禍のオンライン化で都市にとらわれない働き方が可能になったことについて、こんなポジティブなメッセージを発しています。

「コロナ禍で進んだオンライン化やデジタル化は、2000年代から議論されてきた日本の生産性やワークライフバランスの課題を大きく改善してくれた面があります。

これまで直接会って行うものとばかり思い込んでいた会議や打ち合わせの多くが、実はオンラインでも問題ないことに既に多くの人々が気づいています。

オンライン化やデジタル化によって、他人に邪魔されることなく自分のペースで作業できるようになったり、移動の時間や無駄な会議が減ったことで、仕事の生産性も大きく上がったりしたのではないでしょうか。

2018年くらいに、仕事と生活の一体化が進み、どこまでが仕事でどこまでが生活なのか判別できないようにITがしてくれるのではないかという、いわゆる『ワークアズライフ』という考え方を提唱したんですが、それが現実になってきました。

働く場所が家になったり、テレワークで働く人によっては子守りをしながら働いたりと、職場や生活環境が変わってきたというのは大きいできごとだと思います。

地方に本社を移す企業、社員の居住地を問わない企業が現れ、東京から地方へ移住する人も増えています。東京一極集中という状況の改善にもこのコロナ禍は作用しています」（２０２２年に保険市場コラム一聴一積より引用）

ホリエモンこと堀江貴文氏も、かねてよりユーチューブや地方講演で「若い頃はおもしろい人が田舎にいなかったから、東京に行こうと思ったかもしれないけれど、今の時代はインターネットやＳＮＳがあるから、どこにいてもおもしろい人とつながれる。これからの時代は地方にいたほうが有利」と語っています。

堀江氏は地方創生を大きなビジネスチャンスととらえ、全国各地でさまざまな地方創生ビジネスを仕掛けています。

２０２３年９月には「地方創生フェス」と称して、湧出量日本一の温泉地である大分県別府市を舞台に「ベップ・オンセン・シャワー・フェス２０２３」を開催。

別府市観光協会の協力のもと、約３千人の来場者が集まった別府のスパビーチで、約千トンのお湯と音楽を浴びることができる前代未聞のお湯かけフェスを繰り広げて大いに盛り上がったようです。

ちなみに堀江氏は第３章で紹介している鳥取でＵターン起業して大成功した「大江の郷リゾート」も自ら取材しており、自身のサイトやユーチューブなどでも地方創生ビジネスの成功例として熱く語っています。

自分自身が培ってきた経験と知見を踏まえ、先例や常識にとらわれず、独自のアンテナを駆使して発言・行動する彼らのような人たちのオピニオンにも、地方ビジネスを考えるうえでのヒントがたくさんあるのではないでしょうか。

大都市と地方で暮らす・働くメリット&デメリット

今の時代はさまざまな側面から地方にスポットが当たっていますが、いざ都市から地方に移住するとなると、都市で生活しながら働く場合と、地方で生活しながら働く場合のメリットとデメリットがやはり気になると思います。

中でも気になるのが「コスト面」ではないでしょうか。

●地方は固定費が圧倒的に安い?

よく地方は都会よりも住居費などの固定費が断然安いといわれますが、実際はどうなのでしょう？

たとえば２０２３年６月の東京都生計分析調査報告「都民のくらしむき」によると、東京都民の全世帯の消費支出（住居費・水道光熱費・保健医療費・食費・交通費・教育費などを含む）の平均額は１世帯当たり31万５７２６円でした。

一方、鳥取市が同じ２０２３年６月に発表した１世帯当たりの消費支出は27万３８４２円でした。

単純比較すると、鳥取市が東京都より４万円余り消費支出額が低い計算になります。

一見、圧倒的に安いというほどの差ではないようにもみえますが、ちりも積もれば年間で50万円近い差額になり、10年で約５００万円も差が開きます。

これを投資や貯蓄に回せば、地方の方が圧倒的に有利といえます。

都会と地方を比較して、コスト差が最も大きいのが住居費です。

特に東京23区は２０２０年以降、不動産価格が右肩上がりで高騰し続けています。

その背景にあるのは、コロナ禍の影響で木材の価格が高騰しているウッドショックと、ロシア・ウクライナ情勢の影響による資材価格の高騰です。

都心では、新築、中古、マンション、戸建てすべての価格が高騰しており、不動産市場ではこの状況がまだ当分続くとみられています。

こうした不動産価格の高騰は、固定資産税や賃貸価格にも反映されるので、東京都心で暮らす際には、他のどの地域よりも住居費が重くのしかかってきます。

さらに、不動産価格や賃料は、住居だけでなく、オフィスや店舗を維持する際にも影響してきます。

人件費も都会の方が地方よりも高いので、もし起業してオフィスや店舗を構えると、東京都心をはじめとする大都市では、毎月の固定費を支払うだけでも非常にリスクが高いといわざるを得ません。

ましてコロナ禍のような事態になれば、たとえ人気店であっても高額な賃料を払い続けて店を維持するのが非常に難しくなります。

特に都心の超一等地はここ20年ほどの間に賃料が20～30倍に跳ね上がったので、コロナ禍を機に銀座、渋谷、新宿などの一等地から、多くの店舗がボロボロと歯が抜けるように撤退していきました。数年前まで華やかに賑わっていた商業ビルのテナントが、まさかのガラ空きになるという事態に陥ってしまったのです。

都会は人が多い分だけ集客に有利というメリットがある反面、固定費が高すぎて潰れてしまうリスクと背中合わせなのです。

これから地方に移住して新しい事業を展開していきたいとお考えの方は、コロナ禍のような事態が起きたときのことも想定して、固定費と利益の収支バランスをしっかりシミュレーションしておくことが大切です。

●住空間のゆったり度は地方が圧勝！

都会は地方よりも住居費が高いけれど、住空間のゆったり度という点では都会より地方のほうが圧倒的に高いといえます。

たとえば、東京都心で夫婦＋子どもの３人家族で暮らすとします。

都心でファミリータイプの新築マンションを買うとなると、ハイクラスなタワーマンションでなくとも８千万以上の億ションになります。

今は金利が低いのでなんとかローンを組めたとしても、変動金利が上がればローンが破綻するリスクがあるので、夫婦ともに高収入なパワーカップルでないとなかなか手が出ません。

あきらめて少し築年数の古いファミリータイプの中古マンション（2LDK～）を探しても、今の都心の相場だと5000万円はかかります。

もちろん、それ以外にも月々の管理費と修繕積立費が別途発生します。

自家用車がある場合はさらに駐車場の費用もかかります。

もし賃貸住宅にしたとしても、都心のファミリータイプのマンションは賃料が月に20万円～30万円以上のところがほとんどです。

一方、同じ家族が鳥取市に移住したとします。

鳥取市の相場なら土地付き一戸建てを3000万円ほどで新築できますし、5000万円もかけたらちょっとした豪邸ができます。

ガレージをつくれば駐車台の費用もかかりませんし、庭をつくることもできます。

広い庭があればガーデニングをしたり、芝生で子どもやペットを遊ばせたりできるのはもちろん、家族でグランピングごっこをしたり、都会のマンションではできないバーベキューを楽しむことだって可能です。

賃貸の場合も、ファミリーサイズの賃貸マンションなら、賃料は月に10万円以内で収まります。

こうして比べてみると、都心と地方の住居費格差と住空間のゆったり度格差の開きにあぜんとしてしまいますよね。

同じ日本国内に住み、同じお金を持っていても、都会では金銭的にも空間的にも余裕がなく、地方では金銭的にも空間的にも余裕のある暮らしを楽しめるわけです。

住空間のゆったり度は、精神的なゆとりにもつながります。

狭苦しい住空間では心身がなかなか休まりませんが、広々とした住空間は心身の健康にも役立ちます。

コロナ禍でテレワークが増えたとき、夫婦関係が悪化して離婚するケースが増えたというニュースがありましたが、住空間がゆったりしていれば、パーソナル空間が十分に確保できるので、そうした問題も起こりにくいのではないでしょうか。

ちなみに、全国の市町村には各自治体が運営する「空き家バンク」があるので、これを利用すれば移住先で広い一戸建てや、畑付きの古民家などをリーズナブルな価格で借りることができます。

自治体によって条件は異なりますが、移住希望者には1日千円程度で利用できるお試し制度もあったりするので、移住希望先の空き家バンク情報をぜひWEBで確認してみてください。

都会はなぜ消費者物価が高いの？

物価に関しては複数の要素が含まれているので単純比較はできませんが、総務省統計局が２０２３年６月に発表した消費者物価地域差指数を見てみると、最も高かったのは東京都の１０４・７で、次いで高かったのが神奈川県の１０３・１でした。

そして最も低かったのは宮崎県の96・１でした。

都会の物価高の最大要因は、先ほどもお話しした通り住居費の高さです。東京都心をはじめとする大都市の住居費の高さは全国でも群を抜いているので、全体的な消費者物価水準も高くなってしまうのです。

また、都会は店舗などの賃料や運営コストも高くなるので、その分は商品などの価格に上乗せされます。

一例として、「日本マクドナルド」は２０２３年7月から首都圏と愛知、大阪、京都、兵庫県の店舗を立地によって「都心店」と「準都心店」に分けて値上げを行いました。

これによって、たとえばビックマックは、通常店だと450円で買えるのに対して、準都心店は470円、都心店では500円と50円も高くなっています。

このほかにも「ガスト」「スシロー」「くら寿司」「はま寿司」などのチェーン店で都心店は価格が高めに設定されています。

●大都市は学習塾への支出が5倍も高い

都会は教育費も高くなる傾向があります。

消費者物価地域差指数が高い東京都や神奈川県は教育費も高く、消費者物価地域差指数が低い都道府県は教育費も低くなっています。

文部科学省の「子供の学習費調査」によると、学習費総額は「指定都市・

特別区（50万～３００万人規模の大都市）」が「５万人未満の市町村」の１・7倍でした。

特に大きな差があるのが「学習塾」への支出です。指定都市・特別区は、学習塾への支出が５万人未満の市町村の約５倍も高くなっているのです。

その理由は、大都市は塾の賃料や人件費、サービス費も高くなるため、学習塾の費用も必然的に高くなると考えられます。

加えて、都会は地方よりも習いごとのバリエーションが豊富なので、複数の習いごとに通うことで出費がかさむケースが多いようです。

子育て世代にとって、地方のほうが教育費を抑えられるというメリットがある一方、習いごとの選択肢が限られるというデメリットもあるといえます。

●地方は地産地消で旬の味覚をリーズナブルに堪能できる

食費についても、農産物や海産物の産地となる農村や漁村が多い地方は輸送コストなどが都会よりかからない分、地元産の農産物や海産物などの特産物をリーズナブルに購入できるというメリットがあります。

物価上昇が続くインフレ時代に、採れたての新鮮な生鮮食品を安価に入手できれば、家計の負担を抑えることができます。

ちなみに、私は経営しているカフェのお客さまから自分の畑で採れた野菜や果実をご厚意でおすそ分けしていただくことがよくあります。

採れたてのみずみずしい野菜や果実には、単に値段でははかれない美味しさがありますし、そうした温かな人間関係も地方ならではの魅力ではないでしょうか。

●車社会の地方はガソリン代の負担が大きい

ガソリン代の高騰も家計を圧迫する大きな要因となっています。

特に交通の便が都会ほどよくない地方はマイカーが必須なので、毎日の通勤や買いもの、子どもの送り迎えなどでかさむガソリン代の負担は悩ましい問題です。

ガソリン代は都道府県によって異なるので、どこに住んでいるかによって負担が大きく変わってきます。

たとえば2023年7月31日のデータでは、レギュラーガソリン1リットルあたりの全国平均値は172・7円。東京都は平均値とほぼ同額の172・6円ですが、私の住む鳥取県は東京都よりも2・5円高い175・1円でした。

価格が最も高いのは長野県の181・9円で、最も安い和歌山県の16

4・3円より12・3円も高値です。

地域によるガソリン価格の高騰が生活に与える影響を調べた産経新聞社とFNNの合同世論調査によると、影響が大きいという回答が多かったのは北海道や東北、北信越地方で、まったく影響しないという回答が最多だったのが東京都でした。

輸送コストがかかる内陸や離島はガソリン代が高くなる傾向があるので、移住地域を考える際にそうしたことも考慮しておきましょう。

また、ガソリン代だけでなく水道代も地域によって異なります。ガス代もプロパンガスを使用している地域は都市ガスよりも割高になるので、移住希望先のインフラ事情もしっかり確認しておく必要があります。

地方移住すると年収が下がる？上がる？

「地方のほうが固定費が低くても、年収も都会より低くなるのでは？」
「移住したら、今までのキャリアを活かせるかな？」

地方移住をお考えの方の中には、そんな疑問をお持ちの方も多いと思います。

認定NPO法人ふるさと回帰支援センターの2018年～2022年の調査では、移住相談者が希望する就労形態の7割近くは「企業などへの就労」で、次いで「農業」「創業・起業」「自営業の継続」となっています。テレワークが一気に浸透した2022年には、コロナ禍前にはほとんどいなかったテレワークを希望する移住希望者が大きく増えました。

実際に移住した人にアンケートをとった「地方移住に関する実態調査」

（パーソナル総合研究所２０２１年調査）によると、移住した人の半数以上は転職をせず、同じ仕事を継続しています。このことから、移住前の会社に勤めたままテレワークを中心に仕事を継続する〝転職なき移住〟が最も多いことがわかります。

気になる年収の変化ですが、地方に移住した20代～50代の6割近くが「年収に大きな変化がなかった」と答えており、その多くはＵターン移住者でした。

つまり、生まれ故郷に戻ってゆったり暮らしながら、都会でしていた仕事を継続して行い、年収も変わらない移住者がかなり多いということです。

さらに、20代・30代の若い世代の４人に１人は「地方移住後に年収が上がった」と答えています。

地方移住を考えるときは必ず仕事や収入という問題がつきものですが、こうした実態を見る限り、地方に移住すると年収がダウンするどころか、若い世代はむしろ年収が上がるケースもあり、収入面での不安要素はあまりないと考えられます。

地方は住居費や教育費などの物価も都会より低いので、もし仮に収入が多少下がったとしても、結果的に可処分所得は地方の方が高くなることが多く、長い目で見ると都会で働いていたときよりも収支バランスがプラスになる人も少なくないはずです。

プラスになった余剰分は、投資などに回して利殖を図ることができます。超高齢化時代の今、公的年金の受給開始年齢は以前より引き上げられているので、若い世代ほどＮＩＳＡ（少額投資非課税制度）などを活用でして、早めに資産形成を図っておく必要があります。

「都会でカツカツに暮らしていると、なかなかお金を貯めることができないし、まして老後の資金を貯めるなんてとてもムリ……」

そんな声をよく聞きますが、若いうちに地方に移住してどんどんお金を積み上げていけば、老後資金の形成にも大いに役立つのではないでしょうか。

今は国や自治体をはじめとするさまざまな移住支援の追い風が吹いているので、お金に不安がある若い世代ほど思い切って移住することをおすすめします。

都会と地方のタイパの違い

都会と地方のコストパフォーマンスの違いについていろいろ比較してきましたが、コスパだけでなく、タイパ（タイムパフォーマンス）はどう違うのでしょう。

今の時代はインターネットがあるので、情報については都会も地方もタイムラグはまったくありませんが、交通や物流などの物理的な移動効率には地域差があります。

電車、地下鉄、新幹線、バスなど都会の交通インフラは、地方と比べて格段に発達しており、その緻密さと秒刻みの時間の正確さは世界屈指といわれています。

タクシーも往来で手を上げればつかまりますし、スマホのタクシー配車アプリでもすぐに呼び出せます。

一方、地方の田舎町では、数時間に1本しかバスや電車が来なかったり、日が暮れると同時に公共交通機関がまったくなくなることもあります。

タクシーも流しで走っていることはまずなく、呼び出さないと来ません。街灯も少なく、夜はタクシーどころかタヌキが道路を走っていたりもします。

私の育った田舎では、交通量が少なすぎて押しボタン式信号機が村にたった1台しか設置されていませんでした。

マイカー以外の交通の利便性という点では、どう見ても都会に軍配が上がります。


しかし、別の側面から見ると都会は道路の渋滞が多く、渋滞によって事故リスクも高くなるため、巻き込まれると思いのほか移動に時間がかかってしまうことが少なくありません。

また、大都市のターミナル駅は乗降者数が世界ランキングトップを占めるほど多いので、ラッシュ時には大混雑してホームにいても電車に乗れないことがあります。

電車の乗り換えの際も、複雑に入り組んだターミナル駅の構内を上ったり下りたりしながら、数百メートルも歩いて移動しなければならないことが多々あります。

マイカーで移動する場合も、地方は駐車スペースが比較的ゆったりしていますが、都会は駐車場がどこも満車で待ち時間が長引いたり、少し離れた駐車場に止めて目的地まで歩かなければならないこともあります。

さらに、海や山など自然の中でレジャーを楽しむときは、都会からはるばる時間とお金をかけて訪れるより、地方のほうがアクセスしやすいというメリットもあります。

つまり、都会は地方よりも交通網が整っているけれど、その分複数の路線や駅の構造が複雑で、渋滞率や混雑率も高いので、必ずしも地方より移動効率がいいとはいえない側面もあるのです。

一方、宅急便などの物流サービスについては、地方の農山村や離島は、移動距離が長い分、都会よりも配送が遅いことがあり、配送料も高く設定されています。

また、自然災害などによって通行止めになると、交通ルートが乏しい農山村への配送が大幅に遅れるリスクもあります。

さらに、近年はトラックドライバーの時間外労働の上限規制に伴うドライバー不足が物流業界で問題になっているため、翌日配送ができない地域が増えています。

宅配便最大手のヤマト運輸も、2023年6月より首都圏や新潟・山梨と中国・四国地方を結ぶ区間、岩手と近畿地方を結ぶ区間、富山・静岡と福岡を結ぶ区間の全3区間の配送を、従来の翌日配送から翌々日配送に変更しています。

アマゾンジャパンも地方の一部市区町村と離島は、翌日配達の配送オプション「お急ぎ便」を利用できません。

ただ、同社は2023年7月に宅配の仕分けを行う配送拠点を従来より約3割増強することを発表しました。今後は栃木県、群馬県、山梨県、富山県、静岡県、奈良県などの地方を含めた全国50カ所以上に配送ネットワークが拡大されるため、地方配送がよりスムーズになるとみられています。

地方移住する際には、こうした交通や物流サービスの問題が、移住後の生活や仕事に少なからず影響してきます。

単に「都会は効率がいい」「地方は不便」といった画一的なイメージでとらえるのではなく、さまざまな側面から移住先の実態をよく把握しておくことが大切です。

移住者を魅了する地方ならではの自然体験

地方移住を希望する人の中には、せわしない都会生活から脱却して、地方でゆったりスローな働き方や子育てライフを求めている人も多いのではないでしょうか。

「山・川・海などの自然にあふれた魅力的な環境」（50・4％）
「子育てに適した自然環境」（38・4％）
「子どもの教育・知力・学力向上」（22・0％）

これは、東京都・埼玉県・神奈川県・千葉県在住の20～30代既婚男女500人を対象にした「コロナ禍における若者の移住動向調査（2022年・一般社団法人移住・交流推進機構）」で、地方移住に興味を持った理由として多かった回答のトップ3です。

若い世代の半数以上が自然豊かな環境を移住理由に挙げており、4割近くが子育てに適した自然環境を重視していることがわかります。

私も海や山など自然環境の豊かな地方に暮らしているので、心洗われるような自然が身近にあることのありがたさや、自然の中で子どもとさまざまな体験ができるよろこびをしみじみ実感します。

●自然を通して「コト消費」「エモ消費」

今はモノにあふれており、スマホひとつでさまざまなことができてしまう便利な時代なので、何かを経験したり体験したりする機会が少なくなっています。

アメリカの大学の研究によると、人はお金で欲しいモノを買って満足しても、ひとたび手に入れてしまえば当たり前になってしまい、満足度は持続しないそうです。

一方、旅行を楽しんだり、スポーツイベントに参加して盛り上がるなどの体験をすると、その満足度は長く持続するそうです。

今の時代はまさに、モノを買うことで満足感を得る「モノ消費」より、体験を通して幸福感を得る「コト消費」、さらにエモーショナルな感動体験から喜びを得る「エモ消費」が求められています。

たとえば、きらきら輝く満天の星空を眺めながらのグランピング、大自然の中で家族そろってのアスレチック体験、牧場リゾートで動物たちと触れ合う体験など、都会生活とは隔絶した地方の豊かな自然の中での感動的なアウトドア体験――そうしたワクワク体験は、まさにコト消費やエモ消費に直結するのではないでしょうか。

●自然には子どもの集中力や認知能力を高める効果も

子育てに適した自然環境を求めて移住を希望する人が多いという話をしましたが、実際に自然は子どもの集中力や認知機能を高める効果が期待できるという研究データもあるのです。

英国マンチェスター大学のエイドリアン・ウェルズ博士が2000年に

発表した認知療法の研究論文によると、ほぼ毎日自然に触れている子どもは、集中力と認知能力が高まる傾向にあるそうです。

また、2004年にはイリノイ大学アーバナ・シャンペーン校の研究チームが、注意欠陥障害（ADD）の子どもたちが自然に触れることで、特に5歳まで幼児の症状が大幅に軽減されたという研究論文を発表しています。

もちろん、自然は子どもだけでなくおとなにとっても大きな癒し効果があります。

今の時代はデジタル機器に触れる時間が長いけれど、身近に自然に触れる機会が多いと心身がリラックスするので、デジタルストレスを軽減するのに役立ちます。

企業の中には自然の豊かな地方で体験型の研修をしているところがありますが、自然の中に身を置くと五感が研ぎ澄まされ、クリエイティブなアイデアが出やすくなったり、意識改革に役立ったりするといわれています。

都会の喧騒を離れ、自然に囲まれた地方で暮らすことで、心身ともに解放され、都会にいたときには思いつかなかったようなアイデアやビジネスヒントが生まれるかもしれません。

都会より競合が少ない地方は起業に最適

移住先では転職せず、移住前の仕事を続ける人が多いという話をしましたが、地方移住をきっかけに、思い切って自分のやってみたいビジネスにチャレンジしてみるのもひとつの手です。

今の仕事をテレワークで続けて収入を確保しながら、起業の準備を進める方法もあります。今は多くの起業で副業を認めていますし、コロナ禍のような不測の事態が起きたときのためには、ビジネスのリスク分散が大切です。

移住先で起業というと、ハードルが高いと思われるかもしれませんが、起業するならむしろ地方が狙い目だと私は思っています。

なぜなら、地方は競合する都会よりもライバルが圧倒的に少ないからです。同じビジネスを始めても、都会には競合企業や店舗が多種多様にあるので、よほど秀でたものがないと埋もれてしまう可能性があります。

「地方は人口が少ないから、ビジネスが成り立たないのでは？」と心配されるかもしれませんが、人口が少ないからこそ、何か新しい事業を展開すれば、口コミですぐに広まるので、多くの顧客を取り込める確率も高くなります。

それに、地方はオフィスや店舗の賃料や人件費も都会よりはるかに低いので、起業のリスクも低減します。

しかも、近年は内閣府が支援する地方創生の一環で、東京圏から地方移住して起業する人に対して支援金を支給する地方公共団体が増えています。

ちなみに、鳥取県は全国で初めて「創業支援事業計画」を策定し、全市町村に相談・支援窓口を設けているので、非常に起業しやすい県です。

全市町村の商工団体が国に「創業支援事業者」に指定されているので、創業計画策定支援や、創業後の継続支援を受けることができます。

また、スタートアップビジネスの成長性が認められれば最大１０００万円の補助金を支援する補助制度などもあるなど、ベンチャー・創業を志す人にはとても有利な体制がととのっています。

そのため、県外からＵターンやＩターン移住して起業する人や、女性の起業家も多いといわれています。

第３章では、日本一人口が少ない鳥取県を拠点に起業や開業をして成功している方々の実例を詳しくご紹介していますので、ぜひ参考にしてください。

第3章

地方で夢を叶えている8つのロールモデル

～日本一人口が少ない鳥取県でのビジネス成功例～

Iターンから Uターンまで鳥取を拠点に活躍する実例

第3章では、IターンからUターンまで鳥取に移住して、さまざまなかたちで活躍している方々の実例をご紹介します。

採りあげているのは、鳥取に縁もゆかりもなかった人もいれば、鳥取だけにとどまらず、日本全国や海外にもグローバルなネットワークを広げてビジネスを展開している経営者もいます。

いずれも鳥取を拠点に活躍されているみなさんの事例に特化していますが、地方に移住したり、地元をベースに自分らしい夢を叶えている方々の多彩な実例は、これから移住をお考えのみなさんのロールモデルとして役立つヒントがたくさんあると思います。

実例1　知り合いゼロの地でIターン起業 1年で予約のとれない人気サロンに！

結婚を機に岡山から鳥取に移住

鳥取県倉吉市で美容室を経営しているIkukoさん。もともとは岡山県出身で、岡山市の美容室に勤務されていました。

岡山県の理容美容専門学校を卒業後、22才のころに心から尊敬する師匠と出会い、「divahair」というヘアサロンを共に立ち上げたそうです。

しかし、27歳のときに結婚したのを機に、岡山から鳥取への移住を決意しました。

なぜ、せっかく師匠と共に立ちあげたサロンを辞めて、縁もゆかりもない鳥取に移住することにしたのでしょう？

Ｉｋｕｋｏさんいわく、「岡山で師匠と共に築いた大好きな美容室を辞めるのは、本当に心苦しかったです……。でも、夫の実家が倉吉にあり、いずれそこで暮らすことになるといわれていたので、それなら若くてエネルギーがあるときに倉吉に移住して、そこで自分の美容室を開業しようと思ったんです」

しかし、パートナーの故郷とはいえ、土地勘のあまりない地方にＩターン移住してきて、いきなり美容サロンを開業するのはなかなか勇気がいることですよね。

まずは現地の美容サロンに就職するということは考えなかったのでしょうか？

「移住したからといって、他のサロンに就職しようとはまったく思いませんでした。

岡山で尊敬する師匠と美容サロンを起ち上げて、苦労しながら二人三脚で築いてきた〝イズム〟を大切にしていたので、それを自分なりに受け継いだ美容サロンを倉吉につくろうと心に誓っていたからです。

確かに知らない土地での起業はリスクがあるかもしれませんが、その思いだけは絶対に譲れなかったのです」

とはいえ、Iターンした当初はまだ20代。開業資金がまったく足りませんでした。

そこで、開業資金を少しでも稼ぐために、鳥取のサロンでアルバイトをしてコツコツと資金を貯めました。

そしてようやく1年後、Ｉｋｕｋｏさんは28歳のときに念願の美容サロン「.ｊｅｒｉｃｏ」の開業にこぎつけたのです。

完全アウェイの地で起業して大人気店に

開業はしたものの、倉吉は彼女にとってアウェイの土地。

もし彼女の故郷の岡山で開業したなら、地元にいるたくさんの友人たちや知り合いを通じて手広く営業できたでしょう。

でも、Iターンしたての倉吉には、彼女の店の顧客はもちろん、親しい知り合いすらいませんでした。

それでも、少しずつお客さまを紹介してもらいながら、美容室を運営していった結果、予想外の事態が待ち受けていました。

倉吉で開業して約1年後、Ｉｋｕｋｏさんの店は予約が数ヶ月先まで取れないほどの大人気サロンになっていたのです。

「自分でもびっくりするような大繁盛店になったのはうれしかったです。

数か月先まで予約が取れない大人気店となった「jerico」

ただ、私ひとりのワンオペで営業をすることにはさすがに限界を感じました」と振り返るＩｋｕｋｏさん。

開業２年目からは、サロンの顧客だった方々が店のスタッフとして手伝ってくれるようになり、ようやく少し余裕が出てきました。

そして３年目を迎えたころ、彼女は「お客さまに、さらにワクワクするようなサービスを提供したい」と考え、倉吉に「Ｔｉｇｅｒ

コロナ禍でアパレル店から業態転換。女性専用フィットネスサロン「Tiger Lily fitness」へ

Ｌｉｌｙ」というアパレルショップをオープンしました。

そのアパレルショップで販売するインポートものの買い付けにはＩｋｕｋｏさん自身が行っていました。

しかし、新型コロナ禍で海外買い付けがストップしたのを機に、アパレル店を「Ｔｉｇｅｒ Ｌｉｌｙ ｆｉｔｎｅｓｓ」という女性専用フィットネスサロンに業態をチェンジしました。

現在、彼女は倉吉でヘアサロンをはじめ、アイラッシュサロン、フィットネスジム、スポーツ整体、ネイル、物販販売などの幅広いビジネスを展開しています。

そして合同会社Ｊｅｒｉｃｏの社長であり、治療家でパーソナルトレーナーでもあるパートナーのご主人が「Ｔｉｇｅｒ Ｌｉｌｙ ｆｉｔｎｅｓｓ」を運営しています。

知らない土地でも諦めなければ扉は開く

Ｉターン移住して念願の起業を叶えたＩｋｕｋｏさんは、地方で起業を考える方々に、こんなメッセージをくださいました。

「自分の身ひとつで動ける人や、子どもがいる人など、それぞれ立場や目指す方向は違うと思います。いろいろ不安に思うこともあるかもしれませんが、死ぬまでにどうしてもやりたいことが胸の内にあるのなら、迷わずチャレンジしましょう！

私は独立する前に自分の師匠に〝目の前の壁はもしかしたら扉かもしれない。だからドアノブを探し続けること、そして、想像することをやめないこと〟――という激励の言葉をもらいました。みなさんにもその言葉をエールとして贈りたいと思います。

自分の知らない土地で一から起業すると、たくさんの壁が待ち受けています。

それでも、がんばってドアノブを見つけて扉を開けたら、きっと自分の想像をはるかに超えた次の景色が見えてきてきます。

具体的なアドバイスとしては、まず移住した地方の地域柄をよく見極めて、自分のやりたいことが、その地域のお客さまにどのようなかたちでマッチングするかを考えることが大切です。

私は倉吉にIターン移住してきてから、自分の中で〝0・5歩踏み込んだ接客〟を意識しています。これは簡単にいうと、お客さまにはよそよそしすぎず、踏み込みすぎず、ということです。お客さまの話をよく聞いて、心からその方の身になって考え、その方と真摯に向き合うと、自分ができる最大限のサービスが見えてきます。

そんなサービスを提供できるように努力し続けてきました。努力を積み重ねると、根強いリピーターのお客さまがついてくれて、私だけでなく、お店やスタッフごとかわいがってもいただけます。

私が新しいサービスや事業を始める時も、すごく応援して力をいただけます。

すると、私もスタッフも、お客さまにもっと喜んでいただけるようにがんばれるという幸せなサイクルができあがります。

たとえ最初はその土地に知り合いがひとりもいなくても、いつの間にかたくさんの味方が増えていることに気づきますよ」


Ｉｋｕｋｏさんは、私が開催している「女性のための起業塾」にも参加されて、とても前向きに勉強されています。

「Ｉターンしてきて当初は友達ゼロ、知り合いゼロだった私に、林さんが女性のための起業塾にお誘いいただいたのがきっかけで、同じ境遇の方々と知り合い、仲間やお客さまが増えました。

知らない土地で知り合いを作るのはもちろん、おとなになってから親しい友人をつくるのは案外難しいので、移住して起業される方は、ぜひ地元の起業塾や交流会に参加されることをおすすめします」

実例2　地元にUターンして美容室を開業

地方は口コミ効果絶大　不便な地でも来客する

実例2で紹介するのは、鳥取市や倉吉市に隣接する東伯郡の湯梨浜町（ゆりはまちょう）で2019年に「atelier」という美容室を開業した山本京子さんです。

実例1で紹介したのはIターンして美容室を起業した方でしたが、山本さんはもともと湯梨浜町の出身で、鳥取市内から地元にUターンして起業しました。

山本さんは鳥取県理容美容高等専修学校を卒業後、2007年に鳥取市内の美容室に就職しました。

湯梨浜町にUターンして起業しようと思ったのは、地元でゆったり子育てしながら、自分の理想のお店を持ちたかったからだそうです。

とはいえ、山本さんが実

2019年に開業した「atelier」

際に自分の店をオープンするまで、地元に帰って起業しようと決意してから5年かかりました。

「開業資金については、銀行に創業支援の借り入れの相談に乗ってもらいました。

ただ、店の場所が鳥取県の中でも田舎で、しかも駅周辺から少し離れた不便な所につくる予定だったので、起業する前はお客さんが本当に来てくれるのかなぁ……と、正直不安でした」


ところが、いざ美容室を開業してみると、地方は口コミでうわさが広まりやすいため、「最近、お洒落な美容室ができたみたい」と、彼女の美容室はまたたく間に地元に知れ渡っていきました。

「地元での近所づきあい、人づきあいを大切にすれば、田舎ほど口コミでお客さまがお客さまを呼んでくれます。

それに田舎にお洒落なお店をつくると、都会からUターンやIターン移住してきた人たちも気軽に入りやすいですしね。私のお店ができたことで、周囲が明るくなったといわれるとすごくうれしいです」

開店前は駅からは離れた不便な場所であることを懸念していましたが、近所に住む高齢者の方々には、車の免許を返上した後も、歩いて行ける所に美容室ができてよかったと喜ばれているといいます。

来客は日に3人～6人ほどですが、子育て世代は田舎でこじんまりやっている店を好むそう。山本さん自身も子育てをしながら、無理することなく店を続けています。

田舎は土地も固定費も安いから駐車場もゆったり理想の店が実現

山本さんは、自分の美容室を開業できたのは、地方だったからだといいます。

「地方は都会に比べて土地も固定費も断トツに安いので、思い切って自分の美容室を建てられたと思っています。

地方は車社会なので、店には駐車スペースが必須ですが、うちは田舎で土地に余裕があったので、車を横づけできる駐車スペースを余裕で確保できました。

おかげで、子どもの送り迎え帰りのママたちにも気軽に立ち寄っていただけます。

店のエントランスにも、ガーデニング用の庭を設けているので、季節の花やハーブを植えてお客さまを迎えられます。

もし都会で開業していたら、とてもこんなゆとりのある店構えにはできなかったでしょうね」

山本さんも、私が主催している「女性のための起業塾」の塾生のひとりです。

「女性のための起業塾で広告やSNSのノウハウも教わったおかげで、店のインスタグラムを見て来店される方も増えました。

起業塾にはさまざまな業界の方が参加しているので、いろいろなつながりができて可能性が膨らみます。それに、参加されている方の熱心な姿をみると、自分もがんばらなければと励みになります」

地元にUターンして自身の夢を叶えた山本さんから、地元や地方で起業を考えている方に向けて、こんなメッセージをいただきました。

「どこにいようと、どんな人であろうと、人には必要な場所と必要な関係があります。

私は美容師という職業柄、大勢のお客さまと出会いますが、どの方にもそれぞれの人生があり、その大切な節目や門出に接する機会が多々あります。

人生の節目には喜ばしいこともあれば、辛いこともあります。

そのときどきに、一人ひとりのお客さまに寄り添い、お客さまへの感謝を忘れず、お客さまに必要とされる美容師でありたいと願っています。その気持ちさえあれば、たとえどんな地方に行っても人々に愛されるお店になると思います」

実例3

Uターン起業し、地方から世界展開しているバッグブランド

合言葉は「倉吉から世界へ」メイド・イン倉吉へのこだわり

海外でも人気のバッグブランド「バルコス／ＢＡＲＣＯＳ」は、私の住む鳥取県倉吉市で１９９１年に創業し、現在も倉吉を拠点に国内外で幅広く事業展開しています。

コロナ禍にあっても順調に売り上げを伸ばし、２０２０年には東京証券取引所の東京プロマーケットに上場を果たしました。

社名の由来は、スペイン語の「ｂａｒｃｏ（船）」。イタリアにも拠点があることから、南欧のブランドと間違われることもあるようですが、メイド・イン倉吉を誇りにしている生え抜きの倉吉ブランドです。

創業者の山本敬社長は大学進学後に上京し、東京で雑誌のカメラマンをしていたそうです。ファッション系の仕事をする中で、当時はまだ規模の小さかったバッグ業界に興味を持ち、20代半ばで倉吉にUターンして起業しました。

といっても、その当時、倉吉には小売店はあってもファッションブランド会社など皆無だったので、銀行からも「倉吉でファッションなんかできるわけがない」といわれ、周囲からもあり得ないと笑われたそうです。

でも、山本社長は東京にいるときから、人口もビジネスもファッションも東京や大阪の大都市一極集中の状況に、常に違和感を持っていたといいます。

バルコスの公式サイトには、そのことを象徴する、こんなメッセージが掲載されています――

「ファッションに限らず、産業のほとんどは大都市に集中し、多くの人を呼びこみ、トレンドや独自の文化を形づくってきました。

しかし、近年では必ずしも都市が物事の発信地とは限りません。情報や物流の発達により、地域産業の魅力を全国、そして世界に発信し注目を集めている場所も数多く存在します。

私たちも、品質の高さを背景とする日本ブランドのバッグとして、世界のステージに向けて挑戦、独創的な魅力をとどけていきたいと考えています。

合言葉は『倉吉から世界へ』。

ｍａｄｅ ｉｎ Ｋｕｒａｙｏｓｈｉのバッグが、日本を代表するバッグとして世界にひろがり、人の心を豊かにつつみこむことを夢見ています。その道は遠いかもしれませんが、私たちにとっては希望に満ちた歩みがいのある道です」

私も倉吉を拠点に事業展開している身として、このメッセージに鼓舞されます。

山本社長が倉吉でUターン創業した当時より、ＩＴ化が進んでいる今はもっと大都市に縛られないビジネスの可能性が広がっていることを実感します。

『倉吉から世界へ』という合言葉は、決して夢物語ではないのです。

六畳一間からスタートした倉吉ドリーム

１９９１年に創業してから30年余り。順調に売り上げを伸ばしてきたバルコスですが、倉吉で創業した当時のオフィスは、わずか六畳一間だったのだとか。

そこでワニ革など爬虫類レザーのバッグを作り、北海道から九州までホテルなどの会場を借りて販売していたそうです。

その後、ドイツの人気ブランド「ピカード／ＰＩＣＡＲＤ」の版権をとり、その代理店として百貨店にも販路を拡大していきました。

その一方、２００３年にはバルコスの自社ブランドも海外に発信するようになり、２００７年には外国人向けに新ブランド「ハナアフ／Ｈａｎａａ-ｆｕ」を展開。日本向けのデザインとは一線を画する、人気アニメ『機動戦士ガンダム』をイメージしたキャッチーなカラーや、折り紙に着想を得た立体感が受けて、欧米で大人気に。

日本でも、同じ鳥取出身の漫画家・水木しげるさんにちなんで『ゲゲゲの鬼太郎』×ハナアフのコラボバッグを作って話題になりました。

一方、国内では他社ブランド製品を製造するOEMの仕事も増え、そのノウハウを活かしてコストダウン化を図り、上質かつコストパフォーマンスのいい自社ブランドのバッグや財布などのファッションアイテムを多数展開しています。

バルコスはロングセラーのアイテムも多く、アウトレット以外の通常商品は例えば1万円なら5年間ずっと1万円で、価格を上げ下げしない絶対価格を打ち出しています。

もの作りに手を抜かず、優れた機能性と良心価格で勝負していることが、順調に売り上げを伸ばしている秘訣のようです。

銀座や表参道ではなく倉吉の街外れに旗艦店

多くのファッションブランドは、銀座や表参道など都心の一等地に広告塔として華々しいフラッグシップショップを置きたがりますが、バルコスは違います。

あくまでも倉吉の拠点を中心に、広島や岡山、島根など周辺地域から手堅く出店を増やしています。

２０１９年には東京・目黒にショールームとして路面店を設けていますが、コロナ禍の影響もあり、都心への出店には慎重です。

テナント料が高額な都心に出店していたファッションブランドの多くは、コロナ禍で売り上げが伸び悩み、テナント料が払えず撤退を余儀なくされたケースが少なくありませんでした。

しかし、バルコスはコロナ禍でも、地方の店舗の売り上げの戻りが早かったようで、順調に売り上げを伸ばしています。その理由は、大都市に安易に依存しない堅実な出店計画があったからです。

２０１５年にオープンしたバルコス直営の旗艦店は、バルコス本社内に併設されています。ただ、バルコスの本社は倉吉駅周辺の中心街ではなく、商業エリアからちょっと離れた街外れにあるので、ショップとしてはあまり利便性が高くないロケーションです。それでも、直営店には全国から顧客が来店するそうです。

倉吉市の本社には工場とショップが併設されている

直営店のあるバルコス本社に勤務する社員の多くは職住接近で、昼休みに自宅に戻って休憩する人もいるそうです。

デザインチームにはイタリアのハイブランドに在籍していたデザイナーなど、資金をかけて優秀なクリエイターを揃えており、ものづくりに欠かせない人材を大切にしています。


山本社長は「みんなあまりあくせくせず、和気あいあいと仕事をしていますそんなライフスタイルの方が仕事にプラスになるのではないでしょうか。

本社のある倉吉は自然が豊かで土地が広く、温泉もあって食べものも美味しく、人間のベースがあるような気がします。

地方で貧しく暮らすのではなく、地方で美しく豊かに暮らすことが大切なのではないでしょうか」と語っています。

近年は実店舗だけでなく、売り上げの7割近くを占める通販にも注力しています。

2023年春には、東京・港区の映像制作会社と大阪・浪速区のECサイト運営会社を買収して、バルコス傘下におさめました。

これにより、外注していた広告宣伝を自社で一貫して行い、SNSで発信力のあるインフルエンサーと連携した新商品の開発を展開していくとのことです。

山本社長は、自社商品だけでなく、鳥取県内の観光地や食材などもインフルエンサーとともにPRしていくことを鳥取の平井知事を表敬訪問した際に表明しています。

ファッションだけでなく食や観光分野にも進出

バルコスはファッション分野だけでなく、倉吉を拠点に食や観光分野にも進出し、複合的なライフスタイル提案をしています。

2020年末には倉吉本店に併設するカフェ＆レストラン「バルコスコーヒー」をオープン。地元食材を中心としたメニューを提供しています。また、2022年春には大山小麦や大山バターなど大山山麓の恵みを生かした手作りアップルパイ（1ホール3780円税込）の販売もバルコスコーヒーとオンラインショップでスタートしました。

さらに、2022年夏には世界有数のラジウム温泉として知られる鳥取県の三朝（みささ）温泉にあった昭和30年代創業の老舗旅館「三朝荘」を買い取ってリニューアルし、「バルコス旅館　三朝荘」をオープンさせました。

1日9組限定のこの旅館は大人のカップルをメインターゲットにしており、

ロビーには、バルコスが手掛けるブランドのひとつ「ｏｔａｎｉｒｙｕｊｉ」のデザイナー大谷リュウジ氏による浴衣姿の男女のレトロテイストなイラストレーションがメインビジュアルとして飾られています。旅館の運営はバルコスコーヒーの運営会社が請け負っており、鳥取和牛のローストビーフなど、地元の食材をふんだんに使った食事を提供しています。

ビジネスヒントはヨーロッパの地方都市にあり

こうした事業展開のヒントは、バルコスの山本敬社長が仕事で度々訪れるイタリアやフランスなど欧州の地方都市にあるといいます。

山本社長は、「ヨーロッパには東京みたいな一極集中型の大都市とは違う地方都市でも、ファッションや食、観光などの高付加価値産業をベースに、それぞれ地域性豊かな街が形成されています。

例えばイタリア中部にあるフィレンツェは、首都ローマでもなく、流行の最先端都市ミラノでもない、中規模な地方都市ですが、グッチやフェラガモなど世界的なハイブランドの本社があります。つまり、本社は大都市ではなく、地方都市にあっても、世界中でビジネスを展開できるのです。また、フィレンツェは有名なキアンティワインの産地トスカーナ地方にあり、ユネスコの世界文化遺産をはじめとする観光資源を有しているため、世界中から年間約３００万人の観光客が訪れます。

日本でも、ヨーロッパのように地方都市の付加価値を高めることで、その地方ならではの魅力を発信していけるはず」といい、同社が地域商社としてその一端を担っていきたいと語っています。

実例4　Uターンして里山に行列ができる一大スイーツリゾートを展開

1個120円のブランド卵から年間約36万人の集客を実現！

都会でも地方でも、飲食や観光関連の施設をつくるというと、通常は集客を考えて交通の便がいい商業圏を中心に考える人がほとんどだと思います。

でも、ここで紹介する「大江ノ郷（おおえのさと）リゾート」は、鳥取市内から車で30分近く離れた里山にあります。

八頭郡八頭町大江は鳥取県人にもあまり知られていないマイナーな土地だったのですが、そんな山間の小さな集落に、驚くかな年間約36万人もの人が全国から訪れ、週末になると3時間待ちになるほど賑わっているのです。

年間36万人というと、例えるなら3万人の観客が押し寄せる野フェスが、この里山で毎月行われているようなものです。

では、いったいなぜ、そんな驚異的なことが鳥取の里山で起こっているのでしょう？

その秘密は、「天美卵（てんびらん）」という１個１２０円のブランド卵です。

一般に、〝卵は物価の優等生〟といわれ、数十年に渡って安定価格を保ってきました。

昨今は市場の物価上昇により10個入りパック＝３００円前後に高騰していますが、天美卵はその約４倍の価格（10個入りパック＝税込約１２００円）ですから、卵業界でいかに天美卵が異次元の存在であるかがおわかりいただけるかと思います。

そんな破格の卵であるにもかかわらず、天美卵は里山に大勢の人を引き寄せるビジネスの原動力となっているのです。

それはきっと、大手代理店がバックについているか、仕掛け人のカリスマプロデューサーがいるに違いない……と思われるかもしれませんが、どれも違います。

Uターンして念願の平飼い養鶏を実現

天美卵の仕掛け人は、大江ノ郷自然牧場を経営する小原利一郎社長です。

小原氏は鳥取県出身ですが、実家が養鶏を営んでいたことから、修行のために鳥取県外の大規模養鶏場に就職したそうです。

しかし、そこで見たのは暗く狭いゲージににわとりたちが詰め込まれ、ストレスでつつきあって羽をぼろぼろにしながらも産卵し続ける姿でした。まるで工場のような近代型養鶏の現状に対して、若き日の小原氏は大いに疑問を感じました。

そんなある日、ゲージが壊れてにわとりが鶏舎から脱走する事件が起きました。

あわてて辺りを捜索すると、逃げたにわとりは思いっきり羽を広げて野山を駆け回り、何とも幸せそうに草をついばんでいたのだとか。

その姿を見た瞬間、小原氏はひらめきました。

「こんな風に、にわとりたちが自由に動き回れる平飼いの養鶏をいつかきっと実現したい！」と。

大江ノ郷自然牧場を経営する小原利一郎社長

当時まだ20代だった小原氏は、大規模養鶏場での修行を中止し、まずはビジネスの経験を積もうと都会で会社勤めを始めました。

そして30歳になる手前で鳥取にUターンし、まずは自分一人が食べていける程度から始めようと「大江ノ郷自然牧場」を起ち上げ、平飼いの養鶏をスタートしました。

ただ、平飼いはゲージで飼うよりもはるかにコストがかかりました。

ゲージなら何段も高く積み重ねられるので、狭い鶏舎でも平飼いの10倍も多くのにわとりを飼育できます。給餌も自動ででき、産んだ卵もベルトコンベアで運搬できるので、人件費もかかりません。

一方、平飼いはにわとりが自由に動き回れる土地が必要なうえ、機械任せでないので飼育に人手もかかります。

しかも、小原氏はエサも合成添加物や抗生物質に頼らない国産の天然素材を厳選していたので、さらに飼育コストがかさみました。

そのため、天美卵の値段も通常の卵の何倍もの価格設定にせざるを得ませんでした。

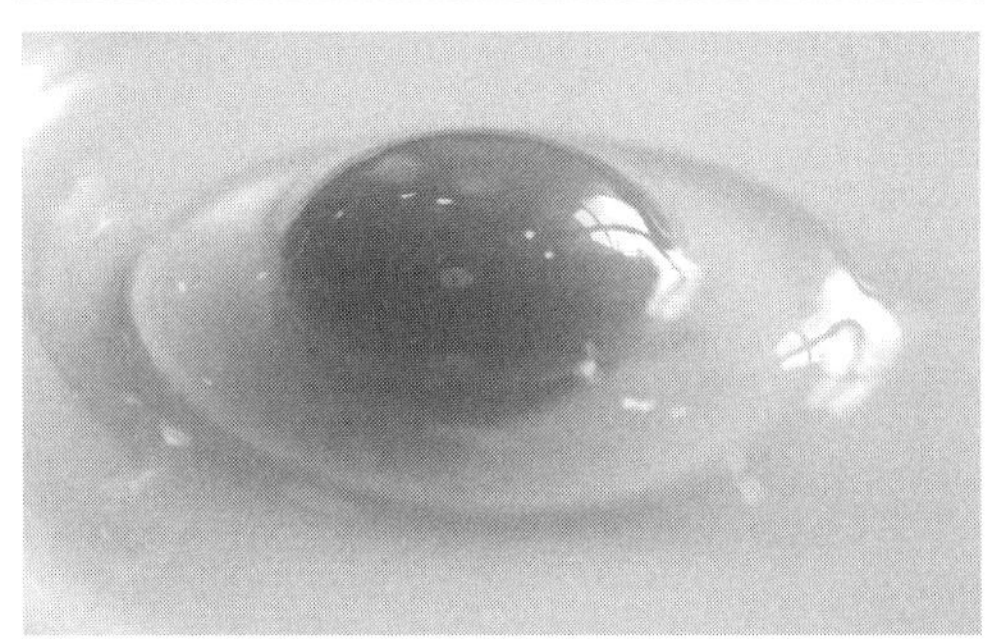

平飼いにこだわりつづけた「天美卵」は
通常の卵より味が濃いのが特徴

それでも小原氏が平飼いにこだわったのは、にわとりをストレスのない自然な姿で健康に育てながら、自然本来のほんものの美味しい卵を提供したいからです。

大江ノ郷自然牧場のホームページには、平飼いをする理由についてこんな言葉が書かれています。

「当牧場がなによりもうれしいのは、この卵の生産／消費という人間の都合ともいえる経済活動が、肝心の主役のにわとりの犠牲なしに、それどころか、彼らが楽しんで暮らしてくれているだけで成り立っている。それがいちばんのよろこびなのです」

天美卵を使ったパンケーキがSNSを通してブレイク

１９９４年に起業した当初の小原氏は人件費削減のために、たったひとりで卵を一個一個拭いて出荷していたといいます。

天美卵は高額なので最初から売れたわけではありませんが、通常の卵よりも味が濃くおいしいことから少しずつ市場に受け入れてもらえるようになりました。


天美卵が軌道に乗り始めると、小原氏は「ここをただの養鶏場ではなく、人と動物が触れえる観光牧場にしたい」と考えるようになりました。

ただ、鳥インフルエンザのリスクがあるため、別の集客方法はないかと模索する中で、小原氏はふと思いました。

「天美卵のおいしさを活かしたスイーツの店を作ったら、大江ノ郷まで足を運んで食べに来てもらえるかもしれない……」

２００８年、小原氏は養鶏場を続ける傍ら、天美卵を使ったスイーツ事業にも着手し始めました。

といっても、確かな勝算があったわけではなく、パティシエは天美卵の配達をしていたスタッフが務めていたそうで、いきなりおいしいスイーツができたわけではなかったようです。

その後、試作を重ね、大江ノ郷自然牧場内に天美卵で作ったお菓子を販売する「ココガーデン」をオープンしました。ココとはコッコ＝にわとりのことで、平飼いのにわとりの庭と意味だそうです。

小原氏はココガーデンで、天美卵を主軸に、鳥取県産の牛乳やバター、国産の小麦粉などの厳選素材にこだわり、化学調味料や着色料をいっさい使わないさまざまなオリジナルスイーツ作りを進めました。

そして２０１２年に天美卵の濃厚な風味の黄味と、メレンゲにするとしっかりツノが立つ卵白を活かした「大江ノ郷パンケーキ」を開発すると、食べたお客さんたちの口コミで大反響に。

「卵の味が濃くてめちゃめちゃおいしい！」「今まで食べた中で最高の極上パンケーキ！」「何度もリピートしたくなる味」などとＳＮＳで拡散され、大江ノ郷自然牧場や天美卵の名が一気に県外にも知れ渡っていきました。

焼きたての熱々ふわふわパンケーキは、「賞味期限10分」ともいわれ、大江ノ郷自然牧場でしか食べられないことから、県外からも大勢の人が訪れるようになり、リピーターも続出。１日約１５００枚ものパンケーキを焼き上げる行列店に成長していったのです。

卵から生まれた農と食のナチュラルリゾートが誕生

多くの集客を見込めるようになったことから、２０１６年には〝農と食のナチュラルリゾート〟をコンセプトとした複合施設「大江ノ郷ヴィレッジ」も牧場の敷地内にオープンしました。

大江ノ郷ヴィレッジには、自家製酵母を使ったハード系のパンが中心の本格派ブーランジェリーをはじめ、パティシエ自慢の牧場スイーツや牧場おすすめ食品を揃えたビオマルシェ、天美卵のエッグスムージーなどを提供するカフェバル、牧場ジェラートが楽しめる屋台風のスナックス

養鶏場から派生した“農と食のナチュラルリゾート”「大江ノ郷ヴィレッジ」

タンド、焼き菓子などの各種スイーツが揃うギフトサロン、半熟の天美卵と共に自家製麺が賞味できる釜玉うどん専門店「大江ノ郷製麺所」などが広いスペースにゆったりと並んでいます。

また、ガラス張りのアグリキッチンでは、天美卵の旨みを堪能できる特製の「だし巻き」や「おおえ焼き」を作る職人さんたちの様子がライブで楽しめます。

さらに、八頭の山々を見晴らすリゾートレストラン「大江之郷テラス」では、天美卵を使ったぜいたくなオムライスをはじめ、鳥取の食材をふんだんに使用したメニューを堪能できます。

もし都会にこんな施設をつくるとしたら、まず膨大な土地の確保が必要になります

それだけでも大変ですが、施設をつくった後も莫大なランニングコストがかかるでしょう。平飼いの養鶏場からスタートした小原氏の果敢なチャ

レンジは、ローカルビジネスだからこそ思い切ってできたことだと思います。

廃校を活用した里山リゾートホテルも運営

大江ノ郷自然牧場の全貌はこれだけではありません。

2019年には、ココガーデンから2～3㎞離れた場所で廃校になっていた築約30年の小学校を活用した里山リゾートホテル「OOE VALLEY STAY（オオエ バレー ステイ）」を開業しました。

廃校といっても、エレベータやエアコンなどの設備もつけ、ひのき風呂のあるジュニアスイートからロフトタイプまで、全室異なるデザインのお洒落なホテルに全面改装されています。

部屋にも地元の陶芸作家の作品を飾るなど、とても洗練された雰囲気で、ここが元小学校だったとは到底思えません。

宿泊客用の食事も、天美卵のたまごかけご飯をはじめ、地元で採れたお米や野菜、地酒、クラフトビールなど、鳥取でしか味わうことのできない味を楽しめる趣向になっています。

さらに体育館だったスペースにはボルダリングの設備もあり、芝生のグラウンドではグランピングも楽しめます。

コロナ禍直前に開業したことから、ホテルに関しては経営的に厳しい時もあったようですが、2023年7月にはホテル内に、天美卵をはじめ、鳥取和牛や地鶏など厳選した最高の鳥取県産食材を味わえる「卵かけご飯専門店」を新たにオープンして人気を博しています。

「主要幹線道路から離れた田舎に、まさかこんなに多くのお客さまがいらっしゃるようになり、リゾート化するとは考えてもいませんでした」と語る小原氏。

2023年には鳥取空港内にある「大江ノ郷 HANARE 鳥取空港店」がリニューアルし、天美卵と鳥取県大山山麓の岸田牧場の牛乳を使ったソフトクリームが味わえる喫茶店もオープンしました。大江ノ郷リゾートへの滑走路は、鳥取の玄関口である空港から始まっているのかもしれません。

地方のポテンシャルを訴求するホリエモンやナカタも絶賛

大江ノ郷リゾートの各施設は、全国放送のテレビをはじめ、多くのメディアで紹介されています。

2022年にはホリエモンこと堀江貴文氏がWEBメディア「ZERO ICHI」の取材で訪れ、独学でこれらの事業を次々に展開している小原氏に感服しています。

また、2023年夏には元・サッカー日本代表の中田英寿氏も訪れ、小原氏と熱く語りあった様子がJ-WAVEで放送されました。

中田氏は自身が日本各地で出会った文化、伝統、食、その土地でしか出会えない声を伝える旅マガジン「にほんもの」でも大江ノ郷自然牧場を紹介しています。

堀江氏も中田氏も、立場はまったく違いますが、どちらも日本各地にアンテナを張って、地方のポテンシャルにいち早く気づき、自分の感性に従って独自にアプローチしている一匹狼——という点でよく似ているといえます。

そんな彼らが注目する小原氏の次の一手に私も注目しています。

Uターンして起業した当時から揺るがない自然循環型農業をベースとした天美卵のビジネスを主軸に、地域に根差した六次産業を推進する小原氏を、同じ鳥取県人としてこれからもリスペクトし続けていきたいと思います。

実例5 東京から鳥取にIターンして地域を活性化するIT企業

年商5億円から28億円以上に急成長したアクシス

鳥取でさまざまな事業を展開しているIT企業「株式会社アクシス」は、東京から鳥取にIターンした社長が経営している会社です。

代表取締役社長の坂本哲氏は、埼玉で育ち、19歳の時から東京の電気工事会社で仕事を学び、24歳の時に東京で通信設備工事会社を設立した叩き上げの方です。その会社でNECや日立、富士通などの下請けから、ソニー本社や楽天本社などのビル一棟の通信設備事業まで手掛けてきました。

同じ頃、IBM関連企業の営業マンだった坂本氏のお父様が、縁あって鳥取に設立された会社の専務になり、3期目で社長に就任されました。それがアクシスでした。

２０１３年には坂本氏も東京から鳥取にＩターン移住して、アクシスの取締役として入社。翌年、お父様が会長になられたのを機に、坂本氏がアクシスの代表取締役社長に就任されました。

会社を引き継がれた当時は、社員数約50人、総売り上げは約５億円だったそうですが、創業30年を迎えた今では、アクシス全体のグループ社員の総数は約２３０人に増え、アクシス単体だけで年商28億３千万円、アクシスグループ全体では約37億５千万円（２０２２年）と目覚ましい成長を遂げています。

坂本社長は社会人になってからずっと東京で仕事をしていたのに、いきなり地方にＩターン移住してビジネスを行うことに不安はなかったのでしょうか？

この問いに対して、坂本社長はこう答えてくれました。

「そもそも東京だって、地方出身者の集まりですからね。僕は東京に隣接する埼玉で育って東京に長年暮らしていたので、鳥取に来て初めて地方というものをリアルに知ることができました。それによって、東京にいた時には感じなかった〝会社が地域の中に存在する意味〟について深く意識するようになりました」

その言葉通り、アクシスでは鳥取県に本社を置く企業として「人材育成と雇用創出による地域経済の活性化」「地域間の情報及び教育格差の是正」「地域への支援と交流を通じた活気あるまちづくりを牽引する」という目標を掲げ、地域を担うパブリックカンパニーとなるべくさまざまな事業を展開しています。

アクシスが展開する地域貢献事業

アクシスはＩＴ企業として多くの企業や自治体を支援してきた経験を活かし、地域循環型経済を実現するために、デジタルシフト＋（プラス）とＳＸ（スマートトランスフォーメーション）の２本軸で社会課題の解決を図るビジネスを提案しています。

というと、ちょっと難しいと感じる方もいるかもしれませんが、簡単にいうと、地域に暮らす人々にも、地域の店や企業にも、地方自治体にもメリットがあり、地方全体が活性化するビジネスです。

アクシスが実際に行っているさまざまな地域貢献事業をご紹介しましょう。

●超地域密着型生活プラットフォーム「バード」

「バード（Ｂｉｒｄ）」は、人口減少、少子高齢化、若者の県外への流出……といった地域の課題を、そこに暮らす人たちが団結して解決していく超地域密着型生活プラットフォームです。バードとは、鳥取の「鳥」と、鳥の軽やかさをイメージしたネーミング。「どこに住んでいても、注文した数時間後に品物がとどく」を合言葉に、ＩＴデジタルとリアルな配送網を融合し、次の３つのサービスを展開しています。

ひとつは、バードに加盟している地域のスーパーや店の品物をインターネット上で購入できるネットショッピングサービス「トリスト」。

２つ目は、バードに加盟している地元の人気レストランやカフェのメニューをインターネット上でオーダーできるフードデリバリーサービス「トリメシ」。

３つ目は、バードに加盟している地元の薬局の処方薬を自宅に届けてもらえる「トリメディ」。これは将来的にはオンライン診療にもつなげていくそうです。

●フードロスと子ども食堂支援に貢献する「Ａｘｉｓのやさい」

「Ａｘ·ｉｓのやさい」は、社会問題であるフードロス対策や子ども食堂の支援を目的に、「農作物で人と人をつなぐ」をコンセプトにしたアクシス初の実店舗型サービス。

地域の農家と生産者の協力のもと、規格外野菜や余剰野菜を廃棄することなく、「Ａｘｉｓのやさい」として鳥取砂丘コナン空港などで販売したり、定期便で消費者届けており、それらの収益を鳥取県内の子ども食堂に寄付しています。

この活動を通して、ＳＤＧｓの17のゴールのうち、「1.貧困をなくそう」「2.飢餓をゼロに」「3.すべての人に健康と福祉を」「11.住み続けられるまちづくりを」「12.つくる責任、つかう責任」に貢献しています。

●学生を応援するコワーキングスペース「Ｎｅｘｔ.」

「Ｎｅｘｔ.」は、中学生から大学生を対象にした無料コワーキングスペースです。

「地方だから……と諦めたくない」「地方をもっと活性化したい」「地方で起業したい」「地方で働く大人と交流してみたい」——という次世代を担う学生たちを応援する場として開設されました。

学生だけでなく、「学生に自身の知識や経験を伝えて応援したい」という社会人とのマッチングも支援しています。

●ITエンジニアを育成するキッズスクール「TIA Kids School」

「TIA Kids School」は、小学生を対象に未来のITエンジニア育成のためのプログラミングスクールです。

IT技術が急速に発展している昨今、プログラミングに必須の技術と論理的思考を独自のカリキュラムで楽しく学ぶことができます。また、鳥取県内の各教育機関や行政機関との連携も行なっています。

●鳥取の求人サイト「トリビズ」

「トリビズ」は鳥取県内に特化した求人サイトで、鳥取県内の企業が無料で求人情報を掲載することができます。

アクシスは「トリビズ」の運営を通して、鳥取県内での就業を希望する求職者と企業の接点を創出し、鳥取の雇用促進に貢献しています。

●地方創生のモデル「隼Lab.（ハヤブサ ラボ）」

地域の衰退をはね返す地方創生のモデルとして注目されている鳥取県八頭町の複合施設「隼Ｌａｂ.」にも、地元のＩＴ企業としてアクシスが参画しています。

隼Ｌａｂ.を運営するのは、民間企業7社が出資した会社シーセブンハヤブサ。

「日本の未来のモデルになる田舎をつくる」をミッションに、地域の価値を引き出し、新たな産業や人材の創出に取り組んでいます。

廃校となった旧隼小学校を拠点とする隼Ｌａｂ．は、赤ちゃんから高齢者まで地域内外の人たちがゆるやかに集まれる場所として、地元食材を使ったカフェやショップから、シェアオフィス、経営塾、各種イベントなど、多彩な事業を展開。地域活性化や人材支援に役立つ活動が評価され、「第10回地域再生大賞」も受賞しています。

Uターン・Iターン人材の受け皿を担う

アクシスでは、会社自体が地方移住者の受け皿になるべく、ＵターンやＩターンの人材も積極的に採用しています。

現在、社員全体の８割は地方移住者で、その内訳は、鳥取へのＵターンが約30％、Ｉターンが約50％となっています。

洗練されたオフィスでUターン、Iターン希望者の受け皿の役割を果たしている

「田舎にはいい仕事がない」
「田舎で働くのはダサい」

そんな田舎定説を覆すべく、地方でも最先端のＩＴ設備を備えた洗練されたオフィスや、福利厚生など充実した環境を整えることで、鳥取に戻りたくても戻れなかったＵターン希望者や、他の地方や都市で仕事を求めているＩターン希望者の受け皿として貢献しています。

こうした雇用の受け皿が増えてＵターン組が増えれば、親の介護問題や空き家問題などの社会課題を解決する一助になりますし、働き手が増えることで地域経済の活性化にも役立ちます。

坂本社長はこれからＵターンやＩターンしようとしている方に、こんなメッセージをくださいました。

「今の時代はかつてのように地方をネガティブにとらえる必要がなくなっています。地方でも都会と変わらない収入を得ることができますし、都会から注目されるような地域ならではの活動もできます。鳥取県は人口が最も少ないけれど、豊かさという点で1位になれるのではないかと思います。

実例6　八百屋からワイン、高級パンまで食を通して地域社会に貢献

山陰の高級食パンブームを牽引

2019年頃から日本中で〝高級食パンブーム〟が巻き起こりました。

その仕掛け人のひとりとして知られているのが、ジャパンベーカリーマーケティング株式会社（JMB　本社・神奈川県横浜市）の代表取締役

社長を務めるベーカリープロデューサーの岸本拓也氏です。

岸本氏は横浜ベイシェラトン ホテル＆タワーズに勤務していたときにベーカリーのマーケティングに携わり、それを機にベーカリーのオーナーに転身しました。

そして「考えた人すごいわ」「乃木坂な妻たち」「もはや最高傑作」「どんだけ自己中」「うん間違いないっ！」など、独特のユニークなネーミングで知られる高級食パン専門店を全国各地に続々とオープンさせ、行列のできる店として話題になりました。


鳥取市にも２０１９年11月に岸本氏がプロデュースする直営の高級食パン専門店「もう言葉がでません」がオープンしました。

岸本氏は横浜市のご出身ですが、山陰地方の自然や人に魅力を感じていたといい、Ｊリーグ「ガイナーレ鳥取」の公式スポンサーも務めるなど山陰地方の活性化に貢献されてきました。

そのため、「山陰の地元企業が運営してこそ地元が盛り上がる」と岸本氏の理念に賛同する企業を募っていました。そこにいち早く名乗りを上げたのが、鳥取市に本社を置く「株式会社葡萄家」でした。

葡萄家は鳥取県と島根県で「ローソン」や「ドトールコーヒー」をはじめ、「リンガーハット長崎ちゃんぽん」、手作りシュークリーム

2019年11月にオープンした高級食パン専門店「もう言葉がでません」

専門店「ピアードパパ」などの飲食系フランチャイズビジネスを手広く展開している企業です。

葡萄家の代表取締役社長を務める山根一利氏は、岸本氏が「もう言葉がでません」が開業することを知るや、ＪＭＢのホームページにコメントを書いて思いを伝え、開業前に事業譲渡を申し出たそうです。

ＪＭＢには他社からの申請も複数あったそうですが、岸本氏は葡萄家のフランチャイズビジネスの実績や山陰地方を盛り上げたいという経営理念に共鳴し、２０２０年2月に「もう言葉がでません」の事業が葡萄家に正式に譲渡されました。

脱サラして東京で丁稚奉公後、地元にUターン

葡萄家の山根社長は、鳥取市で生まれ、父親は公務員、母親が八百屋を

経営する家庭で育ちました。生前は母と祖母と叔母が八百屋の切り盛りをしていたそうです。

鳥取県立鳥取商業高校を卒業した後、鳥取三洋電機に入社しましたが、山根氏は「地域に貢献できる仕事がしたい」と決意し、脱サラして母親の家業を継ぐことにしたといいます。

若い頃からワインに興味があった山根氏は、1986年に実家の八百屋から酒販店「有限会社葡萄家」を設立しました。

勉強熱心な山根氏は、「本場フランスでもっとワインについて深く学びたい」と考えていましたが、1988年に渋谷にワインの学校「アカデミー・デュ・ヴァン」が開校されたのを知ると、矢も楯もたまらず入学を決意。まだ幼かった子どもたちと奥さんを伴って上京し、アカデミーの一期生として、後に世界的なソムリエとして知られるようになる田崎真也氏からワインについて1から学んだそうです。

ワインの学校は夜間だけだったため、昼間は麻布十番の卸問屋の「東京麻布十番ワインダール島田屋」に自ら頼み込んで丁稚奉公したのだとか。時代はバブル景気の真っ盛りでしたが、当時30代だった山根氏は近くに安アパートを借り、生活費を切り詰めて、ワインの勉強に励んだといいます。

そんな1年間のワイン修行を経て、故郷の鳥取にUターンした山根氏は、葡萄家の代表取締役に就任し、本格的なワイン事業に乗り出します。当時としては珍しく地下にワインセラーを設けていたため、メディアからも取材されて話題になりました。

ワインセラーには「諏訪泉」など鳥取の地酒も豊富に揃え、「世界名醸酒を楽しむ会」を定期的に開催したり、山陰酒文化研究会を主宰したりして、地元の酒類業界との親睦にも貢献しています。

食を通して地域社会の人々を笑顔に

ワイン事業が軌道に乗り始めた頃、バブルが崩壊。それに伴い、売掛金を回収できなかったり、競合となる酒のディスカウントショップが増えたことから、山根氏は危機感を募らせました。

そのピンチを打破すべく、山根氏はフランチャイズビジネスに活路を見出し、1997年に鳥取初のローソン1号店をオープンさせました。

2005年にはドトールコーヒー、2013年にはリンガーハット長崎ちゃんぽん、2016年にはサンクゼール、2019年にはビアードパパの事業に参入し、山陰を中心としたフランチャイズビジネス網を着実に拡大して売り上げを飛躍的に伸ばしています。

山根氏が還暦を迎えた2020年には、先述の高級食パン専門店「もう言葉がでません」の事業権を買い取り、自社ブランドとして展開しています。

鳥取と島根で6店舗を展開していましたが、２０２３年以降は鳥取市吉成本店のみで運営しています。

1店舗に縮小したのは、高級食パンブームが収束したことも一因ですが、商品開発のほうに注力して自社ブランドの強化を図るためなのだそう。

高級食パンの出張販売や、企業への定期販売を毎月行っており、リピーターの顧客も多く、売上が逆に上がっているといいます。

単に規模の拡大だけを追うのではなく、今後はオリジナルブランドにも力を入れ、地域社会の発展と貢献を第一に考えていきたいという山根氏。

「もともとは私の実家の八百屋からスタートし、ワイン事業やフランチャイズビジネスを経て、時代の流れや顧客のニーズに対応しながら、常にチャレンジ精神を持って新しい取り組みを行ってきました。

その間、一貫して〝食を通して地域社会を豊かにしたい〟〝地元の人達の笑顔が見たい〟という気持ちで一心不乱に走ってきました。

日本は人口が減少し、地方から首都圏への人口流入が目立ちますが、〝食文化を発展させて地域社会の人々を笑顔にしたい〟という創業時の気持ちを持ち続け、〝地方創生〟をキーワードに鳥取をもっともっと盛り上げていけるよう活動していきたいですね」

実例7　明治の邸宅をリノベしたブティック&カフェ

衰退した米子の商店街を一変させた「ザ・パーク」

地方都市はどこもかつて栄えた中心市街地の商店街の衰退が著しいといわれますが、鳥取県西部にある人口14万人の米子市の商店街もそのひとつです。

しかし、近年は遊休化していた米子の古い銀行や邸宅、蔵などを活用して、洗練された商業施設に再生することで逆に人気スポットと化し、地域活性化の大きなきっかけとなる事例が相次いでいます。

地域の古い建物の再生事業を通して地方活性化にアクティブに貢献しているのは、2000年代中頃以降から東京、大阪や海外でビジネス経験を積み、U・I・Jターンで鳥取に移住してきた若手経営者たちです。

2007年に米子市東倉吉町の本通り商店街そばにオープンした「THE PARK　ザ・パーク」は、まさにそうした気鋭の若手経営者たちの気概を結集したコラボレーションといえるかもしれません。

ザ・パークの前身は、明治元年に建てられた築150年以上の歴史ある邸宅で、漫画家の水木しげる氏の母親の生家だそうです。

ただ、改装される前まではゴミなどが不法投棄されて廃墟化しており、現在のお洒落な外観のザ・パークからはとても考えられないほど荒れ果てた状態でした。

築150年以上の古い邸宅をモダンな空間へと再生。古さと新しさが融合した「ザ・パーク」

それを買い取って見違えるように大変身させたのは、米子市の商店街に居を構える有限会社ＴＨＩＮＫ＆ＣＯ．の代表取締役・落合拡朗氏です。

ザ・パークの前を流れる小川に架かった橋も、再生前はかなり朽ちた状態でしたが、建物と同様のブラックを基調としたクールなデザインに一新され、周囲の景色まで激変させました。

都会をしのぐブティックと米子屈指の人気カフェ

ザ・パークの中に入ると、１２８坪もある広々とした空間の天井や壁には、江戸時代に山陰一と謳われた「米子城」の風格ある梁が建具として活かされており、新築物件にはなかなか醸成できない重厚感に圧倒されます。

そこに、モダンなインテリアが美しくマッチしており、リノベーションの優れた事例として海外からもデザイナーが視察に訪れるのだとか。

館内にはメゾン マルジェラやドリス ヴァン ノッテン、ゼニアなど、海外の名だたるハイブランドのアイテムをセレクトしたブティックがあり、大都市のセレクトショップをしのぐラインナップを誇ります。

ハイセンスなファッションアイテムは、古さと新しさが融合したザ・パークの空間で一段と映えて見えます。

このブティックはファッション関係者にもよく知られており、輸入された選りすぐりのファッションアイテムは、ザ・パークの専用オンラインストアでも販売しています。

1階にはウエディングなどのパーティ会場としても需要の高いカフェがあり、40席のカフェだけで月商600万円を売り上げる米子屈指の人気店です。

落合氏によると、実はこのカフェはブティックだけでは128坪の広いスペースが埋まらないことから導入されたようです。

ところが、このカフェが予想を上回る人気だったため、落合氏は受け入れきれない顧客の受け皿として、2009年に「LAND&YEARS」というカフェをザ・パークの近隣に別途オープンさせています。

2015年には、米子のザ・パークの2号店として島根県出雲市に「THE PARK Izumo ザ・パークいずも」がオープンしました。

ホテルだった建物をリノベーションした「THE PARK Izumo ザ・パークいずも」

この建物もかつてホテルだった所をリノベーションしているので、米子のザ・パークのデザインを踏襲しつつ、趣を異にする雰囲気があります。

米子と出雲のザ・パークのリノベーションには、米子市を拠点とする一級建築事務所「株式会社ｖｅｒｙ　ベリー」の経営者であり、建築デザイナーでもある田中和也氏が関わっています。

実例８では、鳥取の地域活性化田中氏が率いるベリーの仕事についてご紹介します。

実例８　鳥取の話題スポットを軒並み手掛ける設計デザイナー

地域再生に貢献する建築設計事務所ベリー

実例７でも触れた「株式会社ベリー」は、米子市に拠点を置き、鳥取や島根を中心に全国の住宅や店舗、オフィス、ホテルなどのデザイン設計・施工を行っている一級建築士事務所です。

ベリーを率いる設計デザイナーの田中和也氏は、「ザ・パーク」をはじめ、鳥取の話題各地のスポットを軒並み手掛けており、鳥取の市街地活性化に関わる一連の店づくりの重要なキーマンといえます。

実例4で紹介した鳥取発の大人気スポット「大江ノ郷リゾート」内のさまざまな店舗や施設もベリーが手掛けています。

パンケーキで有名なカフェ「ココガーデン」や、〝農と食のナチュラルリゾート〟をコンセプトとした複合施設「大江ノ郷ヴィレッジ」の設計デザイン、さらに廃校になった小学校を利用した里山リゾートホテル「オオエ バレー ステイ」のリノベーションも、すべてベリーによるものです。

また、鳥取空港内に２０２３年にリニューアルした「大江ノ郷ＨＡＮＡＲＥ　鳥取空港店」の目を引く内装もベリーのデザインです。

私が2019年に倉吉駅前にオープンした「セブンデイズカフェ」も、ベリーの田中氏に一任しました。

店内のアイコンにもなっているスティーブ・ジョブズやアンディ・ウォーホール、マイケル・ジャクソンなどが一緒にテーブルを囲んでいるような印象的なボールペンアートは、現代美術家・永本冬森氏によるもの。

そんなアートが飾られた半個室風のテーブル席や、ナチュラルなウッドデッキのテラス席など、ニーズに合わせてフレキシブルに楽しめる遊び心のある内装デザインは、ゲストの方に非常に好評です。

ベリーは発足当時から米子をホームベースにしていますが、今や鳥取だけにとどまらず、全国の駅や百貨店などからも設計の依頼が舞い込んでくるそうです。

そのきっかけとなったのは、鳥取の老舗お菓子メーカーが米子城をモデルにした「お菓子の壽城（ことぶきじょう）」です。

米子の人なら知らない人はいないほど有名なスポットですが、ベリーが手掛けたのはお城そっくりの外観ではなく、中にあるお菓子ショップの内装デザインです。

楽しさや華やかさを備えつつ、非常に洗練されたデザインは、それまで米子にあまりないタイプのデザインだったことから口コミで広がり、ベリーへの設計依頼が一気に増えていったようです。


その後、2007年にベリーがザ・パークを手掛けたことで、さらにベリーの知名度が上がりました。

今ではザ・パークでショッピングやカフェタイムを楽しんでいた〝ザ・パークチルドレン〟の若い世代が成長して、だんだんと地域を動かす存在になってきました。

そんな世代が何かビジネスを展開するときも、やはり若いときからリスペクトしてきたベリーに依頼することが増えています。
ベリーから仕掛けているというより、地域に自然に愛され、求められる
存在になっているのが素晴らしいですね。

ローカルビジネスの明るい未来

移住先のキーマンたちとつながることで開ける未来

第3章で、鳥取で活躍するさまざまな「田舎ビジネス」の実例を紹介してきましたが、ひとつの共通点があることにお気づきになりましたか？

それは、いかにその地域に住む人たちを大切にしているかということです。都会から来たといって上から目線で対応するのではなく、いかにその地域の人たちの役に立つことや、喜んでもらえることができるのか――まずそこに真摯に取り組むことが「田舎ビジネス」の要なのではないでしょうか。

知り合いのいない地方に移住してビジネスを行う際は、とかく自己流のやり方で孤軍奮闘しがちです。

しかし、まずはその地域で活躍している人たちの声に耳を傾けることによって、次なる一手が見つかり、思わぬ可能性が広がるのではないかと思います。

移住したばかりで地方に地縁や知り合いがあまりいない方や、地方で起業を考えている人は、まずその土地でいろいろなビジネスを行っている人たちと積極的に交流するようにしましょう。

おすすめなのは、地方で開催されているビジネスセミナーや勉強会にどんどん参加することです。

私が主宰している女性の起業支援セミナーや講演会もそんな勉強会のひとつです。

第3章の実例1、2で紹介した方々も、女性の起業支援セミナーで多くの仲間やビジネスのヒントを得ることができたとお話されていました。

地元の会社経営者、カフェや美容院などのオーナー、地域コミュニティをまとめているリーダーなど、キーマンとなる人たちと知り合いになれば、そこからどんどんと人脈が広がっていきます。

まずは、その土地で活躍している人とつながることで、きっとさまざまな手掛かりを見つけることができるはずです。

人口が少ないからこそ「日本一」にだってなれる!

本書のはじめにでも触れましたが、私は生まれ故郷の岡山県の片田舎にある人口わずか500人の小さな過疎の農村・中和村で、2008年にJAのライフアドバイザーとして保険営業日本一になりました。

その経緯は私の前著『日本一になった田舎の保険営業マン』に詳しく書

いていますが、都会のように大きなマーケットでなく、田舎の極小のマーケットでも、全国一の数字を叩き出すことが可能なのです。

多くの人は都会のほうが田舎より商売に有利だと考えています。しかし、第2章でもお話したように競合の少ない田舎の方が都会よりも勝ち上がりやすいのです。まずは、町内で一番になってみることも大切です。都会なら1000番かもしれませんが、田舎なら都会より一番になりやすいです。田舎はライバルがほとんどいないのも有利になります。

起業をお考えの方は、まずは競合が少ない地方で自分の可能性にチャレンジしてみませんか?

私は30歳になるのを機に11年間勤めたJAを退職し、故郷・岡山県の中和村に近い鳥取県倉吉市に家族を伴ってIターン移住し、ファイナンシャルアドバイザーとして独立しました。

２０１２年には、倉吉に株式会社リアルコーディネートを設立。それを機に年間40本以上の講演会やセミナーを依頼されるようになり、今では受講者がのべ１万人近くに増えています。

さらに、コンサルティング業やカフェの経営や美容健康事業、企業のＰＲ動画制作など、複数のビジネスも展開しています。

30代から40代の間にこうしたさまざまなチャレンジができたのは、都会ではなく地方を拠点にしているからだと思っています。

地方ビジネスに不可欠なマインドセットとは

もし私が都会で今と同じ事業をしていたら、おそらくもっと苦戦していたでしょう。

たとえばカフェを開くとしても、都会にはメディアに度々登場する超人気カフェから、大手チェーンの定番カフェまで、筋金入りの競合店がひしめきあっています。

ＳＮＳで話題になっても、すぐに飽きられてしてしまうような下剋上の世界です。

そんな中で店を開業して、しのぎを削って生き残っていくのは至難の業です。

一方、私が２０１９年に倉吉に「セブン・デイズ・カフェ」をオープンした当時、昔ながらの喫茶店ではない今風のカフェは、市内に2、3店し

「セブン・デイズ・カフェ」の店内。地元で愛されるカフェとして定着した

かありませんでした。

そもそも鳥取県は、「スタバはないが、スナバ（鳥取砂丘）はある」という鳥取県知事平井伸治氏の名言で話題になったように、2015年まで「スターバックスコーヒー」が47都道府県の中で唯一なく、鳥取市に初出店した際には1000人も行列した県です。

倉吉には現在もスタバがありませんが、それほど競合が少ない地域なので、私が新しいカフェをオープンさせると、すぐさま話題になり、SNSや口コミで一気に広まりました。

おかげさまで今では地域のみなさんに愛されるカフェとして多くのお客さまにご利用いただいています。

コロナ禍のときにはカフェの経営が厳しいときもありましたが、複数の事業を展開していたのでリスクを分散することができました。

何より助けられたのは、地方ならではの人の温かさです。

私は若いときから保険営業で一人ひとりのお客さまの人生と懸命に向き合ってきたので、その地域に生きる人々や地元コミュニティをリスペクトすることがビジネスの基本だと思っています。

だからこそ、決して自分の営利だけに走るのではなく、移住してビジネスを行っている倉吉という街も人も豊かに活気づくことを心の底から願って活動しています。

売り手よし、買い手よし、世間よしの「三方よし」とは、日本三大商人である近江商人の有名な言葉です。

売り手の利益だけを考えるのではなく、買い手も、地域全体も豊かになる――そんな三方よしの考え方が、サステナブルな地方ビジネスを考えるうえで不可欠なマインドセットなのではないでしょうか。

決め手は「楽しいか」「楽しくないか」

ここまで、地方移住と地方ビジネスについてさまざまな角度から語ってきました。

でも、移住も仕事も最終的に決断するのは、ほかならぬあなたです。

決め手は、あなた自身が「楽しいか」それとも「楽しくないか」ということです。

今の生活が楽しいか？　楽しくないか？

今の仕事が楽しいか？　楽しくないか？

今の生活の先に、楽しい未来が見えるか？　見えないか？

今の仕事の先に、楽しい未来が見えるか？　見えないか？


自分の居場所、自分の暮らし、自分の働き方、自分の生き方――

それらを真剣に考えて、自問自答してみてください。

ただし、自分の心には決して嘘をつかないでください。

何かに忖度したりせず、偽りのない自分自身の本音で考えてください。

そのうえで、「今のままでは楽しくない」「今のままでは楽しい未来が見えない」と感じたなら、あなた自身が変わるときです。


楽しいだけで生きていけるのか？――と思われるかもしれませんね。

しかし、例えば今の仕事が楽しくなければモチベーションが上がらないので、仕事のクオリティも落ち、それによって評価も下がり、ますますやる気が失せて、成長もできないという悪循環に陥ります。

逆に「楽しい！」と感じていると、やる気もパフォーマンスも上がるので、いい仕事ができて、信頼も増し、人脈が広がって、ますます活躍できるというプラスの軌道に乗ることができます。

最後にお伝えしたいことがあります。私は田舎で働いています。若い頃は田舎で働くことにすごくコンプレックスを抱いていました。しかし、インターネットの普及とＳＮＳで世界中の様々な方と繋がることができました。飛行機に乗れば1時間で東京に行くこともできます。ネット通販で次の日に欲しいものは届く世の中です。そして、田舎の自然の恵みのおかげで肉も魚も野菜も新鮮で美味しいです。どこにいても仕事ができる世の中になりました。田舎で働くのがカッコ悪い時代は終わったと思います。地方への移住は、今のあなたの生活や仕事をプラスの軌道にスイッチするまたとないチャンスかもしれません。

ぜひそのチャンスを逃さず、しっかりとつかんでください。

最後に、本書の発刊に当たってご尽力いただいた大勢のみなさまに心よりお礼申しあげます。

林 直樹（はやし・なおき）

株式会社リアルコーディネート代表取締役。

1980年岡山県生まれ。1999年、地元のJAに就職し、金融業務保険業務の実務担当。

2006年度から金融保険営業の担当に就く。岡山県1位など数々の賞を受賞し、2年後には医療保険の部で全国1位。2010年、鳥取県でファイナンシャルアドバイザーとして起業。

2012年、株式会社リアルコーディネートを設立。

年間40本以上の講演会やセミナーをこなし、セミナー受講者数は9500名を超える。

2014年3月に「日本一になった田舎の保険営業マン」（カナリアコミュニケーションズ刊）を発刊し、Amazonランキング1位を獲得する。

2015年には「日本経済新聞」にも掲載され、メディアにも度々取り上げられる。

現在は投資信託や株式・保険など様々な金融商品を取り扱うファイナンシャルアドバイザーとして活動。

金融商品仲介業・飲食業・美容健康事業など複数の会社の代表も務める。

田舎ビジネス『イナビジ』のススメ
～“ドラゴンボール世代”の新しい働き方！～

2024年5月10日〔初版第1刷発行〕

著　者　林 直樹
発行所　株式会社カナリアコミュニケーションズ
〒141-0031
東京都品川区西五反田1-17-11
第二東栄ビル703
TEL　03-5436-9701
FAX　03-4332-2342
http://www.canaria-book.com/
執筆協力　轡田 早月
印刷所　株式会社クリード

装丁デザイン／藤田 絵厘子（クリード）
DTP制作／株式会社クリード

ISBN978-4-7782-0523-2　C0036

カナリアコミュニケーションズの書籍のご案内

豊かに歳を重ねるための「百人力」の見つけ方

澤岡 詩野 著
2023年8月発刊/定価1,760円（本体＋税10%）
ISBN：978-4-7782-0516-4

「多様な百のつながりを持って『百人力』を手に入れたい！」と、地域交流型の賃貸住宅プロジェクト「荻窪家族プロジェクト」を立ち上げた瑠璃川正子さん。瑠璃川さんの生み出した心地よい距離感で構成される協力関係こそ、これからの地域交流や高齢期のコミュニティ構築の現実的な解を示してくれているのではないでしょうか。ユルヤカなつながりで、マイペースで生活しながら自分も相手もお互いにいつしか『百人力』のネットワークに参画している。

「荻窪家族プロジェクト」の生い立ちと全貌を紹介しながら、地域交流やコミュニティの在り方を見つめ直す1冊です。

今日から使える即効ベトナム語フレーズ！

糸井 夏希 著
2023年7月発刊/定価2,200円（本体＋税10%）
ISBN：978-4-7782-0515-7

本書は、主に日本でベトナムの人とベトナム語でコミュニケーションをとる場面を想定したベトナム語フレーズを中心にまとめています。実際に日本でベトナム語学習中の日本人の方などにも聞き取りをして、すぐ使っていただける実用的なフレーズを集めました。『本格的な学習までは不要。とにかく、まずベトナム人とコミュニケーションとりたい！』というニーズに応えられる今までにない1冊です。

カナリアコミュニケーションズの書籍のご案内

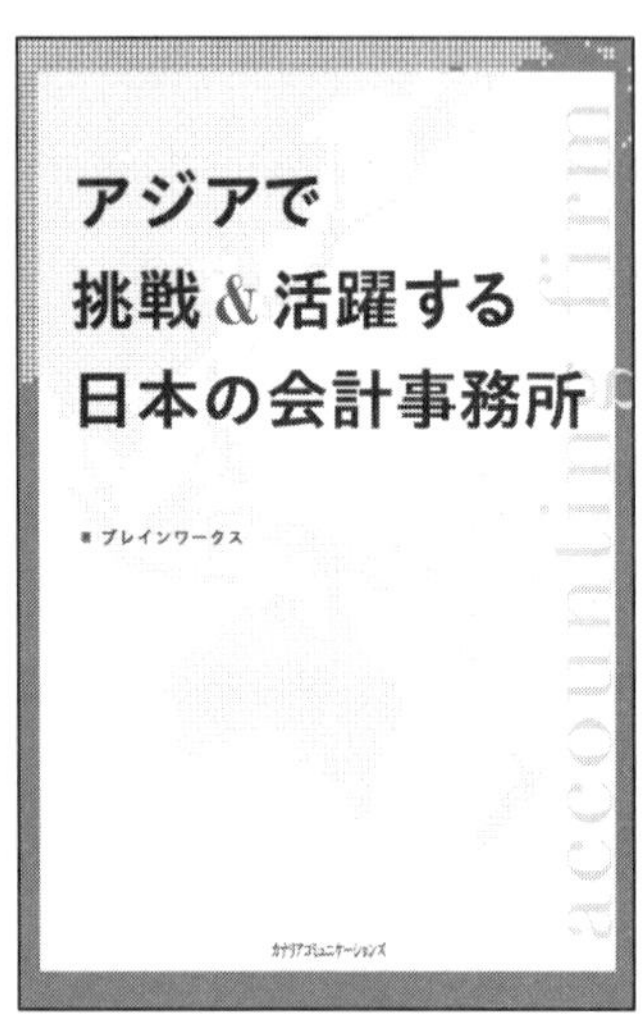

アジアで挑戦＆活躍する日本の会計事務所

ブレインワークス 著
2023年11月発刊/定価1,760円（本体＋税10%）
ISBN：978-4-7782-0518-8

1990年代から本格化する日本企業のアジア進出の“縁の下の力持ち”を担ってきた会計事務所の足跡を追う1冊です。

アジア進出の変遷を辿ると共に、現地での苦悩とその先に見える希望の光。

先人達の紡いだ実績を振り返りながら、これからのアジア進出の未来を考察します。

アジア進出を検討する企業はもちろん、海外へ飛び込もうとする若き会計人も必見です！

テレマカシ！～森の免疫力～

細田 真也 著
2023年2月発刊/定価1,650円（本体＋税10%）
ISBN：978-4-7782-0508-9

バックパッカーで世界を旅していた青年が福井県の中小企業を事業承継。

そして著者は時代の変化に適応するためグローバルビジネスへと乗り出し、ボタニカル素材「メリンジョ」「ジャワしょうが」で健康産業への参入を実現する。

事業承継の苦難を乗り越え、インドネシアでのビジネス開拓に成功した老舗企業の道程は、新しい時代の企業経営を担う二代目経営者、若手経営者の指針となるだろう！

これからの企業経営に勇気と元気を与えてくれる1冊です！